太陽に育まれた海山畑の旬味がぎっしり！

高知のおいしい料理帖

小島　喜和

目次

春の章

夏の章

秋～冬の章

高知のおいしいもん

本書で使った表記について

○計量カップ1カップは200㎖、大さじ1は15㎖、小さじ1は5㎖です。
○作り方で、野菜を洗う、皮をむくなど、一般的な調理の下ごしらえは省いてあります。
○材料で「しょうゆ」とあるものは、濃口しょうゆのことです。
○火加減は、とくに表記がない場合は、中火で調理してください。

高知の自然と食

青い海、緑の山、清らかな川、豊かな平野……
変化に富んだ風土が育む、多彩な食の宝庫

四国の中でもっとも広い面積を持つ高知県。その地形は、両腕を大きく広げ、まるで太平洋を抱いているようだといわれます。背には四国山地の山々が連なり、森林地帯から湧き出る清水は、やがて清流となって、雄大な景色を見せてくれます。

太平洋を臨み、東西に長く伸びた海岸線には、多くの漁港が点在し、近海はもとより遠洋からも豊富な魚が水揚げされます。また、土佐沖を北上する暖流、黒潮は、高知の人々に新鮮な魚をもたらし、船上で豪快に作る、かつおのたたきや、魚の姿寿司を盛り合わせた皿鉢料理を生み出しました。平野部で収穫されるおいしい米と魚を組み合わせた寿司は、高知の食文化の代表といえます。

長い日照時間と温暖な気候を生かし、高知平野では古くから野菜や果樹のハウス栽培（施設園芸農業）が盛んに行われてきました。関東でも通年、高知産のなすやしょうが、ピーマンなどが出まわっているのも、これらが全国で屈指の生産量を誇っているからです。

もちろん露地栽培の野菜も、太陽の光をいっぱいに浴びて大きく育ちます。夏のりゅうきゅう、秋の四方竹、冬の赤芽いもなど、高知ならでは野菜もたくさんあります。

一方、山間部の冬は寒さが厳しいのですが、春には山菜、夏には果樹やお茶といった特色のある農産物が見られ、畜産も行われています。そして川を下ってくると、川えびや鮎、青さのりなど、川の幸に恵まれます。

料理には酢のものがハレの日にも日常にもよく作られ、ゆずやぶしゅかんなどの柑橘酢が好まれるのは、暑い夏をさっぱりとした食で凌いできた生活の知恵なのでしょう。

本書では、母から受け継いだ高知の食材を生かした郷土料理と、若い人の口に合うアレンジレシピをご紹介していきます。

小島　喜和

活きのいい魚がどっさり！

・土佐清水窪津漁港

一昨日、湾外に仕掛けておいた大網を、朝早くに回収。クレーンで大網ごと水揚げし、市場の台にバサッと開ける。これを人の手によって種類別にかごに入れていく。

高知では、「西のごまさば（清水さば）、東の金目鯛」といわれるように、東西に突き出た岬の周辺がかっこうの漁場となっています。

高知市内から西へ、車で約3時間。リアス式海岸の絶景が見られる足摺半島まで足を伸ばしました。大敷網と呼ばれる漁法が行われていると聞き、ホエールウォッチングで有名な窪津漁港を訪ねると、ちょうどたくさんの魚が水揚げされているところ。ピチピチと跳ねる魚が人手によって選別されています。

大敷網とは定置網の一種で、湾外の漁場に大網を仕掛けておき、回遊する魚の群を一挙に捕獲する漁法です。この日穫れた魚は、すまがつお、いなだ、連子鯛など。太刀魚やかわはぎ、かさごもありました。

足摺岬沖では黒潮の恵みもあって、かつおやめじか（宗田がつお）、まぐろの一本釣りも行われています。また、新鮮な稚魚や新子と呼ばれる幼魚を食べる習慣があるのも、すぐそばに魚の宝庫があるからなのでしょう。

種分けが終わると、仲買人たちによるセリが行われる。この日は秋から冬にかけておいしい、いなだやひょう鯛が目玉。季節によって網にかかる魚が変わる。

かつおはやっぱり“たたき”が一番！

・土佐清水市　久松鮮魚店

ドラム缶のかまどにふんわりと藁を敷き詰め、火を燃やす。炎が上がったらかつおの身を並べた鉄製の網をかざし、表面を焼いていき、絶妙なタイミングで火から下ろし、冷やす。

高知といえば、かつおのたたき。なかでも藁焼きのたたきの味は格別です。土佐清水市にある鮮魚店のご主人、久松孝さんに本場のかつおのたたきを作ってもらいました。

背身と腹身に分けたかつおを網に並べ、藁の炎が上がったところで一気に表面を焼くと、旨みがギュッと閉じこめられ、皮目の香りが食欲をそそる、たたきのできあがりです。「その日に獲れたかつおでしか作らないので、かつおが上がってこなければ、たたきもありません」と久松さん。鮮度抜群のかつおは、甘味さえ感じる忘れられないおいしさ！

ほかにも鮮魚料理がいろいろ

かつおのほかに、高知で日常的に食されているのが、びんながまぐろやさば。びんながまぐろの小さいものは「こびん」と呼ばれ、クセのない味が刺身に適しています。さばは酢締めにすることが多く、丸ごと使った姿寿司は高知の名物。土佐清水港に水揚げされる「ごまさば」は、脂がのっているうえ身の締まった「土佐の清水さば」として有名です。

かつおのたたき

にんにくの薄切りと玉ねぎの薄切り、青ねぎの小口切りをたっぷりかけるのが本場のたたき。

久松鮮魚店
高知県土佐清水市越前町 5-13
TEL 0880-82-0718

かつおのたたきは元々、漁に出た漁師が船上で食べるために工夫したもの、といわれています。船板でかつおをおろし、4つの身に分けて火床にくべた薪の炎であぶり、皮に縮れができたところで刺身にしました。このおろし方を「土佐切り」と呼び、魚の鮮度を落とさない早技として、今に伝えられています。

こびんの刺身

秋口にはまだ幼魚のびんながまぐろは、ほどよい脂ののりがあっさりとしていて美味。

さばの姿寿司

頭から尾の先まで寿司飯が詰まっているのが特徴。身の厚いごまさばを使ったものが絶品。

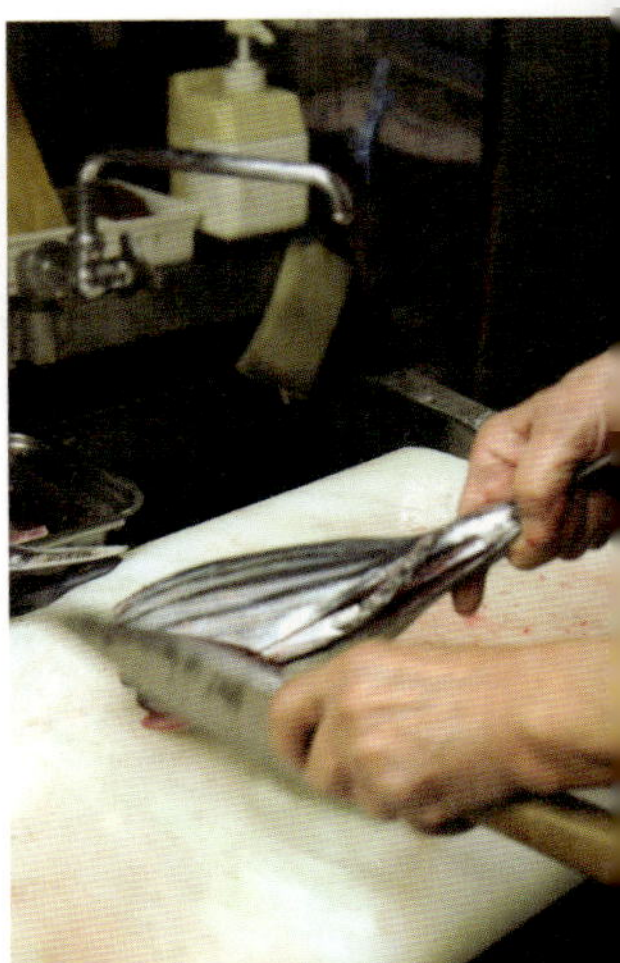

頭を落としたら、背ビレの硬い部分を取り除き、一息で背骨を中にして3枚に切り分ける。

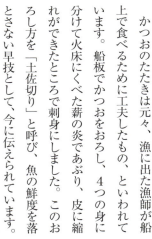

曜市のにぎわい

・追手筋の日曜市、県庁前の木曜市

高知の食材の豊かさが一目でわかる場所といえば、300年以上もの歴史があり、市民の台所として親しまれてきた日曜市です。大通りに沿って約1キロにわたり、600軒以上の店がずらりと並ぶ光景は壮観。早朝から近隣の農家の人や商売人たちがテントを組み立て、間口2メートルの店に品物を並べると、地元の人や観光客が大勢集まってきて、にわかに活気づきます。

日曜市以外にも水曜を除く毎日、場所を変えて「曜市」が開かれており、木曜市は日曜市に次ぐ規模。曜市は高知市が認めた公設の街路市です。

朝採りの葉もの野菜や大根は新鮮そのもの。10月の取材時には秋の味覚、梨や柿、栗が出そろっていた。「味がええよ」とみかんをすすめられ、試食。高知の海産物、ちりめんじゃこやめざし、なまり節もおいしそう。

何度も通っているうちに、親しくなったお店の人と「おいしいもん」の情報交換をするのも楽しみ。几帳面に美しく並べられた野菜に思わず見とれる。巨大なゆず、鬼ゆずは観賞用。懐かしい故郷の味、手作りのまんじゅうやもちは絶対おすすめ。

ここでの主役は働き者のおばちゃんたち。自分で育てた畑の野菜を束ねるのも、夜中に起き出してお寿司を作るのも、自慢の漬けものを仕込むのも、年季の入ったおばちゃんたちの腕がなくてはできません。自家製こんにゃく、いももち、まんじゅうと、昔ながらの手作りの味が買えるのもここ。お店の人とのやりとりもおもしろく、ときにはおまけが付いてくることも。お茶にお花に海産物、雑貨や刃物の店まである曜市は、見て楽しい、食べておいしいワンダーランド。春夏秋冬の旬の食材がてんこ盛りです。

もちに干しいもを練り込んだ、いももちは市の名物。こんにゃくやたけのこ、みょうがなど、何でも寿司にしてしまうのが高知流。

いももち
（あんこ・よもぎきなこ）

田舎寿司

とにかく野菜が豊富！

南国高知の年間日照時間と降水量は全国一。高知県では、この温暖な気候条件を生かした収益性の高い、野菜や果樹、花卉のハウス栽培（施設園芸農業）が盛んに行われています。なかでも、みょうが、なす、ししとう、しょうが、にら、ゆずなどは全国一位のシェアを誇り、きゅうりやピーマン、オクラ、ねぎ、フルーツトマト、文旦なども、高知県を代表する農産物。県内だけではなく、東京や大阪を始め、全国に向けて出荷されています。

一方、地元でしか味わえない畑の恵みもたくさんあります。高知市内にある「農協特産センター とさのさと」を訪ねると、広々とした青果コーナーに青々とした野菜がいっぱいに盛られています。大根の抜き菜、青ねぎ、りゅうきゅうなどは、高知の食卓には欠かせない野菜。柑橘類も豊富なら、秋が旬の四方竹はゆでたものもあり、高知人の野菜好きがうかがい知れます。

高知で「ねぎ」といえば、青い葉がやわらかい小ぶりの青ねぎのこと。りゅうきゅうはひもで束ねて販売。ぶしゅかんや直七などの「酢みかん」も飛ぶように売れる。取材時の10月に旬を迎えた四方竹は、皮付きとゆでたものが売られていた。

ねぎ

しょうが

抜き菜

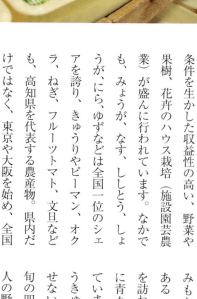

フルーツトマト

・おかざき農園

今、高知のフルーツトマトが熱い視線を浴びています。一般的なトマトの糖度は4～5度ですが、フルーツトマトは8～12度と倍以上の甘さ。冬から春にかけてが旬で、12月中旬から5月末まで出荷されます。その栽培法は？「水分を抑え、ストレスをかけると甘くなるのですが、夏は水を与えないと枯れるので、秋から冬にかけて温室で徐々に甘くしていきます」と、おかざき農園の岡﨑秀省さん。手間と時間をかけ、甘味と酸味のバランスがよくて旨みも濃厚なトマトに仕上げます。同園では、イエロー、ブラック、グリーンなど色とりどりのフルーツトマトを栽培。おしゃれな料理ができそうです。

トマトの加工品、ケチャップ。スパイシーなブラックは肉料理などのソースに、レッドは濃厚な甘味を生かしたい料理に。どちらもクセになるおいしさ。

おかざき農園
高知市春野町東諸木1445
TEL 088-854-8982

栽培法によって、カラフルなトマトもフルーツトマトに。ミニトマトの詰め合わせも販売している。

・農協特産センター とさのさと

高知市南川添7-10
TEL 088-878-8722

高知県全域から集まる旬の野菜や果物、加工品を販売。鮮魚や食肉、花卉、菓子類などもあり、寿司や弁当は大人気。特産品コーナーにはお土産にしたいものがいろいろ。

春の章

春の喜びを感じさせる
山菜や春野菜の香り。
海の珍味も加わり
食卓が明るく華やぎます。

地がき

どろめ

のれそれ

野ぜり

葉わさび

いたどり

のびる

南国高知には一足早く春がやって来ます。海に近い里山では3月の声を聞くと、温かい陽射しに土も温むのか、枯れ葉色だった風景が緑色に染まり始めます。

そのなかには食べられる山菜がたくさんあります。私は高知県の西南部に位置する中村市（現・四万十市）と大方町（現・黒潮町）で育ちましたが、子どものころは今より自然が豊かで、レンゲ畑の畔道には、つくしやいたどり、田ぜりがぎっしりと自生していました。

大人になってから山間部の暮らしがあることを知り、今もよく湧き水が出ているような場所に分け入っては、葉わさびや三つ葉、クレソン摘みに夢中になっています。

また、フルーツトマトや赤玉ねぎなど、栽培種の野菜もいろいろ出てきて、新鮮な春の香りを食卓に運んでくれます。

春の魚介類も、もちろん豊富です。潮どきを見て海に降りていくと、磯には地がきなどの稚貝がぎっしりとくっついています。生でいただく「鮮度が命」の、いわしや穴子の稚魚も、高知ならではの美味でしょう。

赤玉ねぎ　フルーツトマト　小夏

そら豆　淡竹《はちく》　クレソン

野ぜりの白和え

歯ざわりのよいほろ苦味を
まろやかな豆腐の衣で包み、
やさしい香りの一品に。

春の山菜は苦味やアクが強く、その分、香りもよいのが特徴です。苦味は、冬の間おなかに滞ったものを出し、体をきれいにしてくれる、ともいわれています。天ぷらやおひたしにすることが多いのですが、和えものや漬けものにしてもよく、また、洋風にアレンジしても意外に合います。春の色と香りを生かした山菜レシピをお試しください。

材料（2～3人分）

野ぜり……………………70g
木綿豆腐………………⅓丁
白ごま……………大さじ3
砂糖………………小さじ½
薄口しょうゆ……小さじ½

★白ごまは市販の煎りごまでもよいが、洗いごまを鍋できつね色になるまで煎って使うと、香りよく仕上がる。

作り方

1 豆腐はキッチンペーパーなどで包み、軽く重石（まな板など）をして水分を抜く。

2 野ぜりは塩ひとつまみを入れた熱湯でサッとゆでて水に取り、水気を絞る。これを3cm長さに切る。

3 すり鉢に白ごまを入れて香りが出るまですり、**1**の豆腐を入れてさらに混ぜ、砂糖を加えてよく混ぜる。最後にしょうゆを加え混ぜる。

3

白和えはすり鉢を使ってなめらかな衣にするのがコツ。最後にしょうゆで風味づけを。

葉わさびの漬けもの

若い茎や葉にもある
ツンとくる辛味を塩漬けにして
ごはんのお伴に、和えものに。

材料（作りやすい分量）
葉わさび……………………40g
塩……………………4〜5g
米のとぎ汁……………………適量

作り方

1 葉わさびは洗って分量の塩を振り、よくもむ。

2 ボウルに**1**を入れて、かぶるくらいの米のとぎ汁を注ぎ、平らな皿をのせ、重石（2倍くらいの重さ）をかける。

3 2日ほどおき、水が上がってしんなりしたらできあがり。食べる直前によく洗い、細かく切る。

1

塩の量は葉わさびの重さの約1%。全体に振りかけ、手でギュッギュッともみ、しんなりさせる。

2

米のとぎ汁を入れるのは葉わさびのアクを取るため。少量漬ける場合はボウルか保存容器を使う。

葉わさびとなまり節の混ぜごはん

シャキシャキ感にかつおの旨みがあいまって、ごはんが進みます。

材料（好みの量）

葉わさびの漬けもの（細かく刻む）・なまり節・ごはん……各適量

作り方

1 なまり節は粗く削ってから、細かくほぐす。

2 葉わさびの漬けものと1を混ぜ、ごはんにかけて混ぜながら食べる。

葉わさびと油揚げ、ちりめんじゃこの和えもの

上品な辛味と塩味にコクも加わり、お酒にも合う小鉢に。

材料（2〜3人分）

葉わさびの漬けもの（細かく刻む）……大さじ3
油揚げ……½枚
ちりめんじゃこ……大さじ2
三杯酢……大さじ2

三杯酢の材料（作りやすい分量）

米酢……大さじ4
砂糖……大さじ1と½
薄口しょうゆ…小さじ2
みりん……小さじ1

作り方

1 油揚げは熱湯にくぐらせて油抜きし、細切りにする。

2 三杯酢の材料を混ぜ合わせる。

3 葉わさびの漬けもの、油揚げ、ちりめんじゃこに三杯酢を加えて和える。

のびると剣先いかのパスタ

ヌメリのある食感と野草の香りを
旨みたっぷりのいかと合わせて
シンプルで風味豊かなパスタに。

剣先いか

やりいかの仲間で、甘味と旨みのあるやわらかい身が特徴。冬場は水深30～100メートルの深海に潜み、春先の水温上昇とともに浅い内湾に寄ってきます。高知ではこの時期に穫れる小さな剣先いかが値段も手ごろでよく使い、夏場に出回る大きめのものは刺身にします。

材料（2人分）

のびる……10本
剣先いか（小）……2杯
にんにく……½片
スパゲッティ（直径1・4㎝フェデリーニ）……160g
オリーブオイル……大さじ2
塩……小さじ½
こしょう……少々
白ワイン……大さじ2

作り方

1 のびるは葉と球に切り分けて、葉は5㎝長さに切り、球は縦半分に切る。

2 いかは胴から足とワタを引き抜き、ワタや目を取り除いて、胴は1㎝幅くらいの輪切りにする。足などは食べやすく切る。

3 フライパンにオリーブオイルとにんにくを入れて熱し、香りが出たらのびるの球を炒める。いかを入れてひと混ぜし、のびるの葉を加えてさらに炒める。塩、こしょうで調味し、あれば白ワインを振りかける。

4 **1**～**3**と同時進行で鍋に湯をわかし、塩ひとつかみを入れて沸騰させ、スパゲッティを表示時間通りにゆでる。湯を切り、**3**と混ぜて器に盛る。

3

のびるの球は火が通りにくいので、先に炒める。葉はサッと火を通す程度にし、香りを残す。

いたどりの塩漬け

塩漬けにして冷凍しておけば、コリッとした歯ざわりを生かした料理がいつでも楽しめます。

材料（作りやすい分量）

いたどり……………5～6本
塩 ………… いたどりの重さの5％

作り方

1 いたどりは熱湯をかけて表面をやわらかくしてから、皮をむく。

2 バットに**1**を並べ、まんべんなく塩をまぶして重石（2倍くらいの重さ）をし、一晩おく。

3 上がってきた水を捨て、塩少々（分量外）をまぶす。これを保存袋に入れて冷凍保存しておく。1年くらいは保存できる。

★いたどりは生で調理する場合は、一度ゆでて煮ものや炒めものにする。多量に手に入ったときは塩漬けに。

1 いたどりを逆さにして持ち、下部の皮を包丁で引っかけ、手前下に引くと、スーッと皮がむける。

・戻すときは

冷凍の塩漬けは、たっぷりの水につけて皿などで浮かないよう押さえ、1時間ほど塩抜きをする。

いたどりのツナサラダごはん

ツナの旨みとともに
ごはんに混ぜてサラダ風に。
歯応えもさわやかな春の味。

材料（2〜3人分）

- いたどりの塩漬け……1本分（80g）
- ツナ缶……1缶（70g）
- 米酢……大さじ1
- しょうゆ……少々
- ごはん……2〜3杯分

作り方

1 いたどりの塩漬けは、1時間ほど水にさらして塩抜きする。これを斜め薄切りにする。

2 ツナは缶汁を切り、1、米酢、しょうゆを加えて混ぜ合わせ、味がなじんだら、ごはんに混ぜ込む。

土佐あかうしローストビーフ
フルーツトマト、クレソン添え

口のなかでジワッと広がる赤身の旨み。
旬の香り漂う、赤と緑の野菜を添えて
和風ソースでいただきます。

フルーツトマト

冬にハウスで栽培され、2月～5月が旬の高糖度トマト。極力水分を控えることにより、小粒で甘味や旨みが凝縮されたトマトに仕上げられます。健康効果の高いリコピン、ルチン、ビタミン類などを多く含むのも特徴。高知県はフルーツトマトの発祥地でもあります。

材料（作りやすい分量）

牛肉ローストビーフ用（もも、しんたまなど）……300g
塩……小さじ1程度
黒こしょう……適量
オリーブオイル……大さじ2
ブランデー……大さじ3
クレソン……1束
フルーツトマト……2個
ソース
- 粒マスタード……大さじ2
- はちみつ……大さじ1
- 薄口しょうゆ……小さじ2

作り方

1 牛肉の表面にまんべんなく塩、黒こしょうをまぶす。

2 フライパンにオリーブオイルを入れて熱し、弱火にして牛肉の表面全体に焼き色をつける。途中でフライパンを傾け、油を全体に回しかける。

3 全体に焼き色がついたら蓋をして、5分くらい蒸し焼きにする。ブランデーをかけて強火でアルコールを飛ばしたら、火を止めて蓋をしておく。

4 ソースの材料を混ぜ合わせておく。

5 肉が冷めたら薄くスライスして、クレソン、縦6つに割ったトマトを添え、ソースをかける。

★土佐あかうしについては、105ページを参照。

3

オーブンを使わなくても、フライパンで表面を焼いてから蓋をし、蒸し焼きにすればOK。

淡竹《はちく》と親鶏の煮つけ

扱いやすくアクの少ない竹の子を
鶏のだしでじっくり煮込みます。
グリーンピースで彩りよく。

材料（作りやすい分量）

淡竹……250g
米ぬか……適量
親鶏……100g
水……2カップ
グリーンピース（さや付き豆）……200g
砂糖……大さじ1と½
しょうゆ……大さじ2

★親鶏とは、卵を産み終わった鶏のことで、だしがよく出る。親鶏が手に入らなければ、地鶏を使う。

作り方

1 淡竹は皮をむき、菜箸で節に穴を開け、はじけたり割れたりしないようにする。

2 **1**を鍋に入れ、ひたひたに水を張って米ぬかを加え、竹串がスッと刺さるまでゆでる。火を止めてそのまま冷まし、水を替えて漬けておく。

3 鶏肉は一口大に切り、分量の水とともに鍋に入れて火にかけ、途中でアクを取りながらやわらかくなるまでゆでる。

4 グリーンピースはさやから出し、塩少々を加えた熱湯で色よくゆでておく。

5 **2**の淡竹を3cm幅の斜め切りにし、**3**に加える。砂糖を入れて少し煮てから、しょうゆを加え、さらに味がしみるまで煮る。最後に**4**のグリーンピースを加え、味をからめる。

1

淡竹の底から菜箸を通し、節の中央に穴を開ける。節と節の間に圧力がかかり、割れを防げる。

2

アクは少ないが、米ぬかを加えてゆでで、アクをしっかり抜いたほうが、だしの味がよくしみる。

3

親鶏は水からゆっくりゆで、十分に味を出すのがコツ。噛み応えがあり、やみつきになる食感に。

淡竹

ふつうの竹の子（孟宗竹《もうそうちく》）が伸びきる、5月の中旬から地上に出てきます。シューッと細長く伸びているものを採りますが、皮は赤茶色で産毛がほとんどなく、竹の子自体はえぐみやアクを感じません。竹やぶの周辺や土手などに自生していることが多いようです。

土佐ジロー卵と新玉ねぎ、きぬさやのオムレツ

放し飼いの鶏の卵を使い、
さわやかな食感の具を
ふんわり包んだ春の一皿。

材料（2～3人分）

卵……5個
新玉ねぎ……½個
きぬさや……10枚
塩・こしょう……各少々
牛乳……大さじ3
菜種油（サラダ油）……適量
ケチャップ……適量

★土佐ジロー卵については、104ページを参照。

作り方

1 新玉ねぎはくし形の薄切りにし、きぬさやは塩少々を加えた熱湯でサッと下ゆでする。

2 フライパンに油大さじ1を熱し、**1**を軽く炒めて取り出す。

3 卵は割りほぐし、塩、こしょう、牛乳を入れてよく混ぜる。

4 2のフライパンに油少々を熱し、**3**を入れて広げ、**2**の具を横長にのせる。卵が固まってきたら箸で寄せて具を包み、形を整えながら軽く焼く。好みでケチャップを添える。

4

卵液が固まりだしたら向こうから手前へと寄せて具に乗せ、フライパンを揺すってくるりと包む。

新玉ねぎ

3月～5月に出回る収穫したての玉ねぎ。表面の皮は薄く、水分が多いので、みずみずしい食感です。辛味は少なく、水にさらさなくてもシャキシャキと生で食べられます。通年店頭に並んでいる玉ねぎは、収穫後に干して表皮を乾燥させ、保存性を高めたもの。

地がきオイル漬けパスタ

かきの濃厚な旨みを凝縮し、パスタにからめます。そら豆の色を添えて。

材料（作りやすい分量）

かき（むき身）…………250g
しょうゆ…………大さじ1と½
ローリエ…………1枚
オリーブオイル…100mlくらい
パスタ（フジッリ）…………80g
にんにく（みじん切り）…………1片分
そら豆…………適量

★パスタの分量は2人分。人数によって増減し、かきのオイル漬けは適量を使う。

作り方

1 かきはざるに入れて全体に塩適量を振り、水を入れたボウルにざるを重ねて振り洗いし、水気をよくきる。

2 厚手の鍋を熱して1のかきをから煎りし、しょうゆを回しかける。弱火にして蓋をし、しょうゆがかきに吸い取られるまで蒸し煮する。

3 2の汁気が完全になくなったら、鍋をゆすりながら煎るようにして水分を蒸発させ、火を止める。かきを鍋から出して完全に冷ます。

4 ビンなどの容器に3のかきとローリエを入れ、かぶるくらいまでオリーブオイルを入れて丸1日漬けておく。

5 パスタは表示時間通りにゆでる。そら豆も一緒に入れてゆで、ざるに上げて皮をむく。

6 フライパンにオリーブオイル大さじ1（分量外）とみじん切りにしたにんにくを入れて中火にかけ、香りが出たら火を止める。湯をきったパスタとそら豆を入れて和え、最後にかきのオイル漬け適量を加え混ぜる。

2

かきはから煎りするとぷっくり膨らみ、汁が出てくる。そこへしょうゆを加え、煮汁を煮詰めて味を吸わせる。

4

煮詰めて味のついたかきは、オリーブオイル漬けにしておくと、さらに味がしみ、2週間くらい保存できる。

地がき

市販されているかきは、養殖ものがほとんど。海の岩場に生息しているかきは天然もので、高知では「地がき」と呼んでいます。この写真は5月半ば、土佐清水市竜串の海岸で見られた地がき。大きさは小ぶりで身が締まっており、旨みは濃厚。夏になると成長し、岩がきの大きさになります。

どろめの二杯酢

とろけるような口当たり。
産地でしか味わえない
鮮度が命の妙味です。

どろめ

「土佐の早春の珍味」として人気の高い「どろめ」。どろめとは高知の方言で、うるめいわしの稚魚のこと。これを釜ゆでにしたものがしらす、干すとちりめんじゃこに。浜から上がったものをすぐに食するのが最もおいしく、数時間で鮮度が落ちるので、冷凍ものでしか流通しない貴重品です。

材料（1～2人分）

どろめ……20g
二杯酢……適量

二杯酢の材料（作りやすい分量）
米酢……50mℓ
薄口しょうゆ……50mℓ
みりん……小さじ1

作り方

1 どろめを器に盛る。
2 二杯酢の材料を混ぜ合わせ、適量を1にかける。

のれそれの紅葉おろしポン酢

つるんとしたのど越しと稚魚の甘味に感動！酢味でさっぱりいただきます。

材料（2〜3人分）

のれそれ……50g
大根おろし……100g
赤唐辛子のみじん切り　½本分
ポン酢……適量
ポン酢の材料（作りやすい分量）
柑橘の果汁（すだち、直七、ぶしゅかんなど）120㎖
しょうゆ……80㎖

作り方

1 ポン酢の材料を混ぜ合わせ、適量を器に入れる。
2 大根おろしと赤唐辛子のみじん切りを混ぜて、紅葉おろしを作る。
3 1の器に、のれそれと2を盛りつけ、好みで小ねぎの小口切りを添える。

のれそれ

高知では、あなごの稚魚のことを「のれそれ」といい、好んで食します。地引き網を引くと、どろめの上にのったり、それたりしながら網の底に滑って行くことから、「のったり、それたり」が語源といわれています。今では、珍しさもあって高級魚として流通。2月が最盛期で春先までが旬です。

材料（4人分）

- きびなご……500g
- うど……1本
- 新赤玉ねぎ……1個
- 塩……適量
- 片栗粉……適量
- 揚げ油……適量
- 南蛮だれ
  - 酢……大さじ4
  - 砂糖……大さじ1と½
  - 薄口しょうゆ……小さじ2
  - みりん……小さじ1
  - だし……大さじ3

作り方

1. 酢、砂糖、薄口しょうゆ、みりん、だしを混ぜて南蛮だれを作る。
2. 新赤玉ねぎは縦半分に切り、繊維と直角に薄切りにし、水にさらす。うどは4㎝長さに切って皮をむき、薄切りにして水にさらす。
3. きびなごはサッと洗って水気をきり、塩少々を振る。軽く片栗粉をまぶし、180度の油でカラッと揚げ、油をきる。
4. 器にきびなごを盛り、水気をきった玉ねぎ、うどをのせる。熱いうちに1のたれをかけて食べる。

きびなご

暖流に面した地域でよく穫れ、高知県の中では、西部にある宿毛市が全国屈指のきびなご漁場として有名です。旬は、産卵期に当たる春先から初夏にかけて。鮮度のよいものは生を手開きして刺身で食べられます。揚げものや焼きものにするときは、頭ごと食べるのが一般的。

赤玉ねぎ

紫玉ねぎとも呼び、中の薄皮も赤紫色で、輪切りにすると、断面が赤紫と白の層になっています。辛味や刺激臭が少なく、甘味と水分が多いので、サラダなどの生食向き。普通の玉ねぎと同じように、春にやわらかい新赤玉ねぎが出回り、きれいな色とフレッシュな食感が好まれます。

きびなごのアツアツ南蛮

カラッと揚げたら漬け込まず、熱いうちにたれをジュッとかけて香ばしさを堪能。

あじの刺身 新しょうがときゅうり、酢みそ添え

新鮮な香りや風味と合わせ、あっさりといただけば早くも初夏の味わいです。

材料（3～4人分）

あじ（刺し身用）……大1尾
新しょうが……½かけ
きゅうり……½本
白煎りごま……少々
酢みそ
　白みそ（または麦みそ）…25g
　米酢……大さじ1
　砂糖……小さじ1

作り方

1 あじは頭を落としてワタを取り除き、3枚におろす。皮をはいで中骨を抜き、厚めのそぎ切りにする。

2 きゅうりは斜め薄切りにしてからせん切りにする。新しょうがは長めのせん切りにする。酢みその材料を混ぜておく。

3 **1**を器に盛り、きゅうりと新しょうがのせ、酢みそを添える。仕上げに白ごまをふる。

1

あじの皮をはぐコツは、尾のほうの端を押さえ、皮と身の間に刃を入れて、頭のほうへ動かす。

しょうが

高知県はしょうがの生産量日本一。香りが高く、風味や辛味がしっかりしていると評判です。露地栽培のしょうがの旬は11月ですが、ハウス栽培は5月～8月で、新しょうがが多量に出回ります。高知の寿司飯には、刻んだしょうがを混ぜ込むことが多く、独特の風味を出しています。

さばの棒寿司

名物のごまさばで作る
肉厚のしめさばは絶品！
お寿司にすれば、さらにごちそう。

材料（2本分）

さば……1尾
三杯酢＊……適量
白板昆布……1枚
米……2カップ
水……460mℓ
打ち酢
- 米酢……40mℓ
- 砂糖……大さじ2
- 塩……小さじ1

しょうがの甘酢漬け……適量

＊三杯酢の材料は19ページを参照。

作り方

1 さばは3枚におろし、両面に強めの塩（分量外）を振って4～5時間おく。

2 **1**のさばを水洗いし、水気をよくふき取って腹骨をそぎ取る。これを三杯酢に2時間ほど漬ける。

3 ごはんを炊き、打ち酢の材料を混ぜておく。炊きあがったごはんを飯台などに移し、打ち酢をかけて均等に混ぜ、寿司飯を作る。

4 **2**のさばの中骨を抜き、さばの皮をはぐ。

5 ラップを重ねた巻き簀《す》の上に、さばの皮目を下にして置き、しょうがの甘酢漬けを薄く重ねる。寿司飯を適量ずつ握ってのせていき、形を整えながらラップごと巻き簀で巻く。

6 白板昆布を鍋に入れ、三杯酢少々と水をひたひたに入れて2分くらい煮る。冷めたらさばの大きさに切る。

7 **4**の巻き簀とラップをはずし、**6**をのせて食べやすい大きさに切り、器に盛ってしょうがの甘酢漬けを添える。

1 さばの両面に、しっかり塩を振ることで、身から水分を抜くと同時に、塩による殺菌ができる。

2 水分が抜けると、三杯酢がしみ込みやすい。途中で裏返し、表面が白っぽくなるまで漬ける。

3 さばの血合いにある中骨は硬いので、一本ずつていねいに抜いておく。指先で触って探すとよい。

4 寿司飯は適量を軽く握り、さばにのせて均等の厚さに広げる。2回くらいに分けてやるとよい。

5 巻き簀を手前からひと巻きし、ギュッと締めて形を整え、もうひと巻きしてしばらく置いておく。

貝のピラフ

海水温の上昇とともに
上がってくる貝の旨みと
風味十分な贅沢ご飯。

材料（3～4人分）

とこぶし……約10個
にな（殻付き）……500g
米……2合
オリーブオイル……大さじ2
にんにく……1片
水……430㎖
固形スープの素……1個
薄口しょうゆ……大さじ1

作り方

1 米はサッと洗ってざるにあげておく。とこぶし、になはサッとゆで、殻から身を取り出す。

2 厚手の鍋にオリーブオイルとにんにくを入れて炒め、香りを出す。になを入れて炒め、米を加えて少し透明になるまで炒めたら水を入れ、とこぶしを並べる。

3 **2**に固形スープの素、しょうゆを入れて蓋をする。中火で煮始め、沸騰したら弱火にして約20分煮る。火を止めて十分に蒸らす。

1 になの身は、爪楊枝を貝と身の間に挿し入れ、くるりと回しながら貝からはずす。

とこぶし・にな

とこぶしはあわびの仲間。岩の表面を流れるように動くことから高知では「ながれこ」とも呼ばれます。殻ごと蒸し焼きにしてもよく、煮るときなどは殻をはずします。磯の岩礁につく小さな巻き貝を「にな」といいます。ごはんに炊き込むときは、爪楊枝で小さな身を取り出します。

小夏ゼリー

温暖な気候に育まれた
みずみずしい果汁をゼリーに。
色も香りもさわやかです。

材料（作りやすい分量）

小夏（果肉）……300g
砂糖……45g
パールアガー＊……12g
水……300mℓ

＊パールアガーはゼラチンと同様の凝固作用があり、酸味のある果物でも固まりやすい。

作り方

1 小夏は皮をむいて果肉を取り出し、ボウルに入れる。砂糖とパールアガーを混ぜておく。

2 鍋に分量の水を入れて沸騰させる。砂糖とパールアガーを入れて溶かし混ぜ、1分ほどしたら火を止める。これを小夏の果肉を入れたボウルに加えて混ぜ、氷水を入れた大きめのボウルに重ねて冷やす。

3 **2**が固まったらグラスに入れて、冷蔵庫で冷やす。

小夏の皮となまり節の和えもの

甘酸っぱさが魚臭さを抑え、マイルドな風味にします。

材料（2～3人分）

小夏の皮……………………¼個分
小夏の果汁　……………½個分
なまり節………………100g
万能ねぎ…………5本くらい
薄口しょうゆ……小さじ1くらい

作り方

1 小夏の皮はせん切りにし、万能ねぎは小口切りにする。なまり節は細かくほぐす。

2 1を混ぜ合わせ、小夏の果汁を絞りかけ、薄口しょうゆを加えて和える。

・皮のむき方

りんごのようにナイフでするするとむき、白い甘皮を半分ほど残す。果肉は甘皮ごと食べる。

・果肉の出し方

小夏の果肉だけを取り出すときは、袋と果肉の間にナイフを入れ、果肉をこそぎ落としていく。

小夏

春から夏へと季節が変わるわずかな間に旬を迎えるのが小夏。宮崎県では日向夏、愛媛県ではニューサマーオレンジと呼ばれます。サイズは、温州みかんよりやや大きめ。白いふわふわした甘皮をつけたまま食べると、口の中で酸味と甘味が混じり合います。これが高知県人推奨の食べ方です。

上天

新鮮な白身魚を中心にしたすり身を贅沢に使った天ぷら。ふわっとした口当たりと、菜種油の香ばしさがうれしい。

朝獲れ魚のすり身で作る
天ぷら
・松岡かまぼこ店

「天ぷら」と聞くと、野菜や魚に衣をつけて揚げる天ぷらをイメージしますが、高知では、魚のすり身を素揚げしたもの、いわゆる「さつま揚げ」が天ぷらなのです。

　繁華街にある老舗、松岡かまぼこ店にお邪魔しました。朝の10時ごろ、広い間口の店頭には揚げたての天ぷらが次々に並べられ、奥では、すり身を練ったり、成形して揚げたりと、天ぷら作りが佳境を迎えています。

「うちのこだわりは、その日の朝に土佐沖で穫れた魚を使うことです」と、三代目社長の妹、加奈さん。海に近い地の利を生かせばこその製法です。かまぼこやちくわも、自信を持っておすすめできる最上級品だそう。

「市場で新鮮な天然の生魚を使用して、1本1本職人さんがていねいに作っています」

　でっかい「いも天」もここの名物です。ぜひ一度食べてみてください。

なめらかなすり身にしたら、空気が入らないように、へらで平らに成形。金串に数枚ずつ挿して、たっぷりの油で揚げる。アツアツの揚げたてを次々に店頭に並べていく。

厚めの衣に包まれたホクホクの
いも天

高知のいもの天ぷら、いも天はビックサイズ。甘めの衣をたっぷりつけてサクサクに揚げると、中のさつまいもはふっくら！

ごぼう天

青魚の旨みにごぼうの香りがマッチし、噛み心地よく食べ応え満点。冷えてもおいしく食べられるところが人気。

紅白かまぼこ・ちくわ

１本１本手作りした高級かまぼこは、贈答用にも最適。手焼きのちくわともに、プリプリとした弾力が特徴。

松岡かまぼこ店
高知市帯屋町 2-4-3
TEL 088-872-3916

高知市の台所といわれる中心街、大橋通りにある、創業58年の老舗。昔ながらの材料、方法で作るので、「悪天候で生魚がないときには、かまぼこができない」というこだわりが信頼されている。

看板娘の加奈さん。得意の漫画で、おいしい食べ方や店のできごとなどをブログで紹介している。

夏の章

ふり注ぐ太陽の光を浴び
すくすくと育つ露地野菜。
川の幸、海の幸と合わせた
暑気を払う膳が並びます。

川えび

長太郎貝

パプリカ

ピーマン

米なす

露地トマト

高知の夏は暑くて長い、といわれます。確かに、日差しの強さは群を抜いていますが、そのおかげでハウス以外の露地でも、とりどりの夏野菜が育ちます。とくに真っ赤に熟した露地トマトはジューシーなおいしさ。

高知ならではの呼び方をする、珍しい野菜も少なくありません。茎を塩もみにしたり、ゆでたりして食べるはすいもは「りゅうきゅう」、さやが長く伸びるささげは「ふろ」といい、いずれも夏野菜の主役です。

夏の魚介の主役といえば、四万十川や仁淀川で育った川魚。鮎やうなぎがよく獲れますが、昔ながらの漁法で手間をかけて獲る川えびは、高知でしか味わえない名物です。

夏の初めに青い実をふくらませる、ぶしゅかん、直七、ゆずなどの柑橘類も、夏の味覚に欠かせません。高知育ちの私たちはこれを「酢みかん」と呼び、刺身や焼き魚だけでなく、漬けものに、うどんにと、何にでも絞りかけて酸味と香りを楽しみます。

しょうがを効かした酢のものが多いのも、暑さ負けしないようにという、南国ならではの知恵なのかもしれません。

直七・ぶしゅかん

みょうが

オクラ

新しょうが

ふろ（ささげ）

りゅうきゅう（はすいも）

トマトファルシ

ごはん入りのさわやかサラダを
甘〜いトマトが包み込む
ジューシーなオードブル。

1 トマトは周囲をなるべく厚く残し、スプーンをぐるっと回して、種がついている部分をくり抜く。

4 ごはんはオリーブオイルでほぐしてから、他の具やソースと混ぜると、味がなじみやすい。

材料（4人分）

露地トマト……4個
きゅうり……½個
アボカド……½個
玉ねぎ……¼個
グリーンオリーブ……4個
冷たいごはん……約大さじ4
ソースビネグレット
- 塩……小さじ½
- こしょう……少々
- レモン汁（または白ワインビネガー）……大さじ2
- オリーブオイル……120㎖
- 粒マスタード……大さじ1

作り方

1 トマトはヘタの部分を円錐形にくり抜き、熱湯にサッとくぐらせて冷水に取り、皮をむく。トマトの中身をスプーンでくり抜き、カップ状にする。

2 きゅうり、アボカド、玉ねぎ、オリーブはすべてさいの目に切る。

3 ソースビネグレットの材料をボウルに入れ、よく混ぜ合わせる。

4 冷たいごはんをオリーブオイル少々でほぐし、**2**とソースビネグレット適量を加えて和え、トマトの中に詰める。半分に切り、ソースビネグレット少々を敷いた器に盛る。

トマトの保存法 1

夏の盛りに収穫された露地トマトは、甘味たっぷり。水煮やソースにして保存しておけば、旬のおいしさが長く楽しめます。なすやピーマンなどの夏野菜とも相性がよく、煮込み料理はもちろん、炒めものにソースにと、多様に活躍してくれます。

●トマト水煮

材料（作りやすい分量）

トマト……………………… 5個
水 ………………………… 適量
塩 ……トマトと水の重さの1％

★長期保存する場合は、煮沸した湯の中に蓋をしないままのビンを入れて15分ほど煮て、きっちり蓋をしてさらに15分煮る。これを脱気といい、脱気すると、室温でも1年くらい保存可能。

作り方

1 トマトはヘタの部分をくり抜き、熱湯にサッとくぐらせて冷水に取り、皮をむく。
2 保存ビンを用意し、湯をわかした鍋に入れて5分ほど煮沸し、消毒する。ビンを取り出して水気をきり、1のトマトを入れて水をひたひたに注ぐ。
3 いったん2をボウルに出し、トマトと水の重さを量って1％の塩を用意し、この塩を水に溶かす。
4 トマトと3の塩水を鍋に入れ、10分ほど煮てビンに戻し入れ、蓋を閉める。冷蔵庫で10日くらい保存できる。

4

湯むきしたトマトは、ヘタのほうを下にして鍋に並べる。これを塩水で煮て、ビンに詰めるだけで保存食に。

●トマトソース

材料（作りやすい分量）

完熟トマト ……… 6〜7個
玉ねぎ……………………… 1個
にんにく…………………… 1片
オリーブオイル … 大さじ3
塩・こしょう ……… 各適量
乾燥オレガノ（あれば）
…………………………大さじ1

4

にんにく、玉ねぎと一緒にトマトをじっくり煮詰め、風味豊かなトマトソースに。冷凍する場合は小分けして。

作り方

1 トマトはヘタの部分をくり抜き、熱湯にサッとくぐらせて冷水に取り、皮をむく。
2 1のトマトをさいの目に切る。玉ねぎ、にんにくはみじん切りにする。
3 厚手の鍋にオリーブオイルとにんにくを入れて中火にかけ、香りを出す。そこへ玉ねぎを入れて透明になるまで炒める。
4 3にトマトを入れて炒め、フツフツと煮立つくらいの火加減にし、蓋をして30分ほど煮詰める。
5 塩、こしょうで味を調え、乾燥オレガノを加える。熱いうちにビンに入れ、蓋をしめて冷ます。冷蔵庫で2週間くらい保存でき、保存袋に入れて冷凍すれば、1か月は保存可能。

ドライプチトマトのブルスケッタ

ギュッと詰まった甘味が
香ばしいバゲットにも
とろけるチーズとも好相性。

トマトの保存法 2

小さいトマトなら乾きやすいので、天気のいい日にカラッと干して保存。午前中から５～６時間干してみて、乾きが足りないようなら翌日、翌々日と繰り返します。これをオリーブオイル漬けにすると保存性が高まり、アレンジの幅も広がります。

●ドライプチトマト

材料（作りやすい分量）

プチトマト … 200 ～ 400g

作り方

1 プチトマトはヘタを取って半分に切り、ざるの上に広げて天日に干す。昼間、日差しの強い時間帯に２～３日かけて干すとよい。

2 保存するときは、**1** と皮をむいたにんにく１～２片をビンに入れ、オリーブオイルをトマトがひたひたに浸る程度に加える。蓋を開けなければ３か月くらい保存できる。

皮がシワシワになり、種の水分が飛んだ状態まで乾燥。生乾きの場合は保存せず、すぐに調理する。

ドライプチトマトのオリーブオイル漬け

ドライトマトはにんにくを加えたオリーブオイルに漬けておくと風味がつくうえ、長期保存が可能に。オイルごと炒めものに加えたり、パスタにからめたり、イタリアンテイストの料理に最適。

ドライプチトマトのブルスケッタ

材料（2～3人分）

ドライプチトマト……10～11個
バゲット……½本
モッツァレラチーズ……½個
グリーンオリーブ……4個
バジルの葉……2～3枚
塩・こしょう……各適量
オリーブオイル……適量

作り方

1 バゲットは2㎝厚さくらいの斜め切りにする。モッツアレラチーズは小さくちぎり、オリーブは厚めの輪切りにする。

2 バゲットの上に、ドライプチトマト、モッツァレラチーズ、オリーブを並べ、オーブントースターでチーズが溶けるまで焼く。バジルの葉をちぎってのせ、塩、こしょう、オリーブオイルをかける。

米なすとトマトのグリル

崩れにくい身の特性を生かし
ピザ風のオーブン焼きに。
甘味と酸味、コクもたっぷり。

1
なすは縦の繊維を切るように切り込みを入れると、食べやすい。ここでは1cm間隔の斜め格子状に。

材料（2人分）
米なす……………………1個
トマトソース＊…………大さじ4
グリュイエールチーズ
（またはピザ用チーズ）……40g
オリーブオイル………大さじ1

＊トマトソースの作り方は49ページを参照

作り方

1 米なすは縦半分に切り、皮ぎりぎりのところに包丁を入れ、皮に沿ってぐるりと一周、切り目を入れる。身の部分は斜め格子状に切り目を入れる。底になる部分は平らに薄く切り取る。

2 フライパンにオリーブオイルを熱し、1の切れ目を入れたほうを下にしてのせ、弱火でゆっくり焼く。焦げ目がついたら裏返し、両面から火を通す。

3 2の表面にトマトソースを塗り、チーズをかけて、オーブンまたはオーブントースターでチーズが溶けるまで焼く。

米なすと豚のトマト炒め

相性抜群な夏野菜コンビ。
肉の旨みを吸い込んだなすに
風味がからみ、食べ応えたっぷり！

材料（2～3人分）

米なす……………………1個
豚こま切れ肉 ……………100g
トマト水煮＊ ……………2個
しょうがの薄切り………3～4枚
こしょう…………………少々
ごま油（または菜種油） ……少量

＊トマト水煮の作り方は49ページを参照

作り方

1 米なすはヘタを切り落とし、縦半分に切ってから大きめの乱切りにする。トマト水煮は一口大の乱切りにする。

2 フライパンに油を熱し、しょうがを入れて香りを出す。ここに豚肉を加えて炒め、肉が白っぽくなったら取り出す。

3 **2**のフライパンに油少々を足し、米なすを炒める。しんなりしてきたら、**2**の豚肉、トマト水煮を入れて炒め、トマトが温まったらこしょうを振る。

米なす

高知県では、なすの栽培が盛んに行われ、生産量は全国一位。品種はさまざまですが、高知産の米なすは、形が大きく濃厚な味、と高評価。米なすの特徴は、ヘタが緑色で皮の色は濃い紫色。肉質は硬く締まっており、煮崩れしにくいので、和風のみそ田楽などにも適しています。

ラタトゥイユ

じっくり煮込んで旨みを凝縮。
野菜だけでこんなにコクが！
濃厚な煮汁でさらにおいしく。

材料（4人分）

なす	5本
ズッキーニ	2本
パプリカ	1個
ピーマン	5個
玉ねぎ	大1～2個
にんにく	3片
トマト水煮缶	1缶
オリーブオイル	大さじ4～5
塩・黒こしょう	適量

作り方

1 なすはヘタを取って1㎝幅の輪切りにし、ズッキーニも同様の輪切りにして、両方とも全体に塩少々ずつを振っておく。

2 パプリカは直火で表面の皮が黒く焦げるまで焼き、水に取って焦げた皮をむく。これを半分に切ってヘタと種を除き、3㎝くらいの角切りにする。ピーマンも同様の角切りにする。玉ねぎは半分に切ってから薄切りに、にんにくはみじん切りにする。

3 厚手の鍋にオリーブオイルとにんにくを入れて炒め、香りを出す。玉ねぎを加え、しんなりするまで炒めて、なす、ズッキーニ、ピーマンを入れてよく炒める。

4 **3**にパプリカとトマト水煮缶を缶汁ごと加えて蓋をし、なすとズッキーニがしんなりするまで弱火でコトコト煮る。

5 火を止め、ざるにあげて汁気をきり、煮汁だけをとろみがつくまで煮詰める。具と煮汁を合わせ、味を見て、こしょうをする。

ピーマン

ピーマンは高知県を代表する野菜の一つ。生産量は全国ベスト3に入っています。通年、ハウス栽培のものが多量に出荷されていますが、夏の時期には色つやのよい露地ものも出回ります。また、ピーマンの仲間であるパプリカも、肉厚の大ぶりのものが盛んに栽培されています。

1

なすとズッキーニは、それぞれに塩を振ってアク抜きを。バットに出てきた水分は捨てる。

5

煮汁だけを煮詰め、具に戻し入れることで、より濃厚なコクがつき、甘味も増す。

ピーマンキーマカレー

旬のピーマンをたっぷり使い
炒めることでまろやかな苦味に。
暑さに負けないピリ辛料理です。

材料（4人分）

- ピーマン……3個
- 玉ねぎ……中1個
- 合いびき肉……300g
- フレーク状カレールウ…60～65g
- 湯……大さじ5
- 塩・こしょう……各少々
- オリーブオイル……大さじ2

作り方

1 ピーマン、玉ねぎは粗みじん切りにする。

2 フライパンにオリーブオイルを熱し、**1**を入れて炒め、合いびき肉を加えてポロポロになるまでよく炒め、塩、こしょうをする。

3 カレールウを分量の湯で溶き、**2**に加えてひと煮立ちさせる。

1 ピーマンは縦半分に切り、ヘタと種を取ってみじん切りに。玉ねぎもみじん切りにして一緒に炒める。

トマトとオクラの冷製スープ

とろんとした食感と酸味が
だしの旨みにマッチした
あと味さわやかなスープ。

材料（4人分）

トマト……小3個
オクラ……4本
だし……400㎖
砂糖……小さじ1
薄口しょうゆ……小さじ1

作り方

1 トマトはヘタの部分をくり抜き、熱湯にサッとくぐらせて冷水に取り、皮をむく。これを1cm角に切る。

2 鍋にだしを温めて、砂糖、薄口しょうゆ、**1**のトマトを入れてひと煮立ちさせ、ミキサーにかけてこす。

3 オクラは塩少々を入れた熱湯でサッとゆで、小口切りにする。

4 **2**を冷蔵庫で冷やし、器に盛ってからオクラを入れる。

2

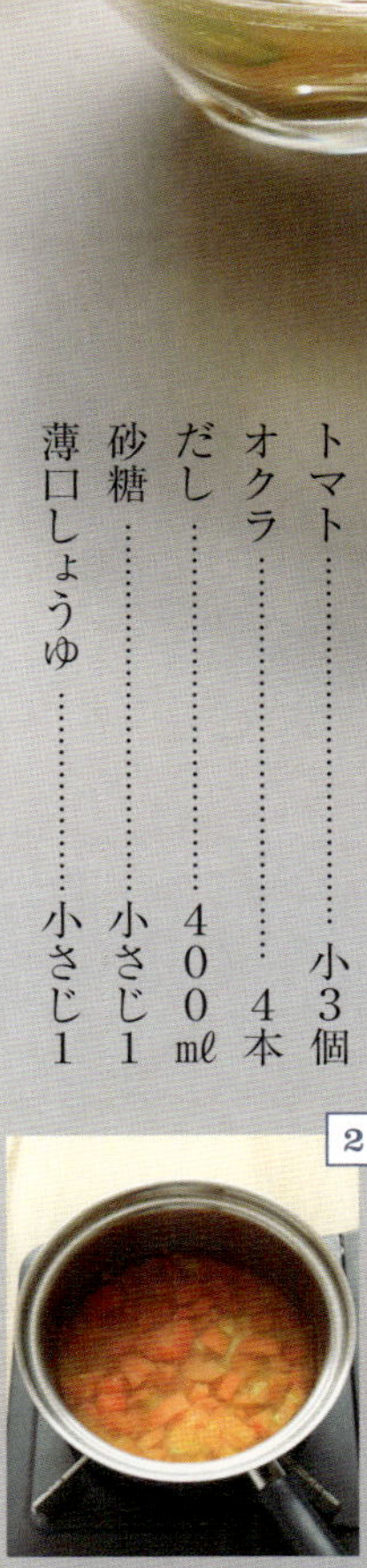

ミキサーにかけやすいように、トマトは小さい角切りに。だしで煮ることで、味に深みを出す。

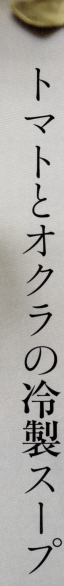

薬味昼膳

食欲減退の真夏には
香味野菜をおかずにして
体の中からスッキリ涼しく。

みょうがの三杯酢

青じそ

みょうがの三杯酢

甘酸っぱい風味と
鼻に抜ける独特の香りに
思わず食が進みます。

材料（作りやすい分量）
みょうが……………6個
三杯酢
米酢……………大さじ4
砂糖……………大さじ1と½
薄口しょうゆ……………小さじ2
みりん……………小さじ1

作り方
1 みょうがは縦半分に切って、塩少々を入れた熱湯でサッとゆで、ざるに上げる。
2 三杯酢の材料を合わせてよく混ぜ、砂糖が溶けたら1を漬ける。30分後から食べられ、冷蔵庫で3か月くらい保存できる。

夏の昼食は、みょうがやしょうがの酢漬けに干ものを焼いたものが一番。それに冷や奴や薬味をいろいろ並べて、清涼感を楽しみます。

新しょうがの甘酢漬け

新鮮な香りが刺激的なしょうがは
酢漬けにして常備。
魚やお寿司のつけ合わせにも。

材料（作りやすい分量）

新しょうが……1kg
湯……2ℓ
塩……60g
米酢……3カップ
砂糖……160〜200g

作り方

1 新しょうがはなるべく薄くスライスする。湯をわかして塩を加え、しょうがを入れてサッとゆでる。水気をよくきって、冷ましておく。

2 米酢と砂糖を合わせてかき混ぜ、砂糖を溶かす。ここへ1を入れて漬け込む。30分後から食べられ、冷蔵庫で1年くらい保存できる。

1

しょうがは熱湯を通すことでアクが抜け、やわらかくなって酢味がしみ込みやすくなる。

卵のらっきょうタルタルオードブル

海辺育ちのらっきょうを甘酢漬けにしマイルドな卵の隠し味に。白身を器に形よく盛りつけて。

材料（4人分）

卵……………………4個
らっきょうの甘酢漬け………6個
塩・こしょう…………各少々
マヨネーズ…………大さじ2

作り方

1 卵は水から入れて15分ゆで、水に取って殻をむく。楕円になるように半分に切って黄身を取り出す。

2 らっきょうはみじん切りにする。

3 **1**と**2**、塩、こしょう、マヨネーズをボウルに合わせ、卵の黄身をほぐしながらよく混ぜる。これを絞り袋に入れて黄身があったところに形よく絞り出す。

3

らっきょうを黄身に練り込み、マヨネーズでなめらかに。ツブツブ感と酸味が口に残って美味。

ふろと油揚げの煮もの

さやのやわらかさを生かして
煮ものにするのが夏の定番。
だしのコクを煮含めて。

材料（2人分）

ふろ……………………120g
油揚げ……………………½枚
だし…………………3カップ
薄口しょうゆ………小さじ1
みりん………………小さじ1

作り方

1 ふろは塩少々を入れた熱湯でゆで、食べやすい長さに切りそろえる。油揚げは両面に熱湯をかけて油抜きし、幅を半分にして細切りに。

2 鍋に1とだしを入れて温め、薄口しょうゆ、みりんを入れて落とし蓋をし、5分ほど煮て火を止め、味を含ませる。

ふろ（ささげ）

さやいんげんを長くしたようなマメ科ササゲ属の野菜。長さが30～50㎝もあり、さやの中に16粒の豆が入っていることから「十六ささげ」ともいいます。高知ではこれを「ふろ」と呼び、夏の代表的な野菜として食されてきました。さやのまま煮て食べるのが一般的です。

川えびと露地きゅうりの煮もの ソーメン添え

四万十川の夏の風物詩、川えびを太いきゅうりと煮つけ旨みを存分に味わいます。

材料（2〜3人分）

川えび……………………8尾
露地きゅうり……………1本
だし……………1と½カップ
砂糖……………………大さじ1
薄口しょうゆ…………大さじ2
ソーメン………2束（100g）

作り方

1 きゅうりは1cm幅の輪切りにし、やわらかくなるまでゆでる。

2 鍋にだしを温め、砂糖、薄口しょうゆを加える。川えびと1を入れ、弱め中火でゆっくり煮て味を含ませる。

3 ソーメンをゆで、水で洗ってざるに上げる。器にソーメンと2を盛りつける。

川えび

雄のハサミが体調より長いことから、「手長えび」ともいいます。四万十川では今も一昼夜以上、特殊な仕掛けを川底に沈めておき、集まったえびをすくう伝統漁法が行われています。ゆでると緑褐色から紅色に変わり、塩ゆでも煮つけても、プリプリした食感が楽しめます。

宗田節のだしの取り方

宗田節は、かつおの仲間である「宗田がつお」で作るかつお節。高知では「めじか」とも呼ぶ宗田がつおは、小ぶりで、外見はさばに似た形です。高知県は宗田がつおの漁獲量が全国一で、宗田節の産地としても名を馳せています。宗田節は旨みとコクのあるだしが取れるため、おいしいそばつゆができるとされ、業務用の一級品として全国に出荷されています。もちろん、宗田節は家庭でも重宝します。出しの取り方はふつうのかつお節と同じで、昆布を加えると味に深みが出ます。

宗田節は硬いので、家庭で使う場合は、削ったものを購入するのがおすすめ。

材料（作りやすい分量）

宗田節（削ったもの）…………20g
昆布 ……………………………… 10cm
水 ………………………………… 1 ℓ

作り方

1 昆布はサッと水洗いし、水とともに鍋に入れて弱火にかける。沸騰直前に昆布を取り出す。

2 そのまま沸騰するまで待ち、宗田節を入れて静かに煮立てる。

3 1分ほどしたら火を止め、宗田節が下に沈むまで待つ。

4 ふきんをかけたざるをボウルに重ね、**3**を注いでこし、澄んだだしを取る。

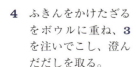

いかの一日干しの作り方

日照時間が長い高知では、夏の強い日差しを利用して魚介類を干ものにします。一日干しを「ひいといぼし」といい、とくに、いかは半生の状態で軽く焼いたものが好まれます。高知の海岸には、開いたいかが空高く干してあり、ひらひらと風になびいている風景に出会えます。家庭でもタオル干しなどを利用すれば、手軽に作れるので、ぜひ試してみてください。塩はひと塩程度にし、天気のよい昼間、半日でも干しておけば、甘味が出てきます。さわやかな磯の香りが、ビールのおつまみにぴったり！

ざるにいかを広げ、風通しがよく、日当たりのよいベランダなどで、表面が乾くまで干す。途中でひっくり返すとよい。

材料（作りやすい分量）

するめいか ……… 2〜3杯
塩 …………………………… 適量

作り方

1 いかは胴から足とワタを引き抜き、一枚に切り開く。
2 きれいに洗ってふきんで水気をふき取り、塩少々を両面に振って、天日に一日干す。
3 2を焼き網にのせて焼き、食べやすく割く。チョコチュジャンやマヨネーズをつけて食べる。

チョコチュジャンの作り方

コチュジャン大さじ1、酢小さじ1、砂糖小さじ1/2、おろしにんにく少々を混ぜる。

材料（2人分）

太刀魚……90g
塩……小さじ½
りゅうきゅう（皮つき）…400g
酢みかんの皮*……少々
砂糖……小さじ1
酢みかんの果汁（または酢）大さじ1

*酢みかんは、すだち、かぼす、青ゆず、ぶしゅかん、直七など。

作り方

1 太刀魚は3枚におろし、細切りにして、塩を振っておく。

2 りゅうきゅうは皮をはいで、笹がきの要領で厚めにそぎ切る。

3 全体に塩少々を振ってもみ、水洗いして水気を絞る。

4 薄くむいた酢みかんの皮を細いせん切りにする。

5 砂糖と酢みかんの果汁をよく混ぜ、**1**を和える。**3**と**4**を加えて、まんべんなく和え、器に盛る。

1
太刀魚は新鮮な刺し身用を使い、皮をつけたまま細切りに。皮と身の間に旨みがある。

2
りゅうきゅうの皮は、包丁で端を引っかけてシューッと引っぱる動作を繰り返し、全体をきれいにはぐ。

2
皮をはいだら、りゅうきゅうを回しながら包丁でそいでいく。あまり小さくなく、太めでよい。

3
りゅうきゅうはアクがあるので、塩をまんべんなく振り入れ、塩もみしてアクを出す。

3
ギュッギュッと強くもむと、しんなりしてくる。水でよく洗い、しっかり絞ってから調理へ。

りゅうきゅう（はすいも）

里いもの仲間ですが、葉柄の部分（ズイキ）を食します。夏から秋にかけて収穫される、高知県の特産品。高知では「りゅうきゅう」と呼んで親しまれてきました。酢のものにすればシャキシャキと歯応えがよく、夏向きの料理に。ゆでると色がきれいになり、やわらかい食感になります。

りゅうきゅうと太刀魚の酢のもの

野菜と魚を品よく和えて
酢みかんの酸味でさっぱりいただく
涼やかな夏の一品。

材料（2人分）

長太郎貝……………………10個
にんにくのみじん切り……2片分
オリーブオイル………½カップ
イタリアンパセリのみじん切り
……………………大さじ1
赤唐辛子のみじん切り（好みで）
……………………½本分

作り方

1 長太郎貝はたっぷりの湯でサッとゆでる。
2 貝と身を切り離し、身にくっついている汚れを取る。
3 鍋ににんにくとオリーブオイル少量を入れて火にかけ、香りが出たら、残りのオリーブオイルを入れて温める。
4 耐熱容器に**2**を入れて**3**を注ぎ、オーブントースターに入れて、オイルがグツグツと煮立つまで焼く。仕上げにイタリアンパセリと好みで赤唐辛子を振る。

1

熱を加えて口を開けたところで貝を湯から取り出し、包丁の刃先で身を殻から切り取る。

2

身は全部食べられるが、汚れだけは取り除き、食べたときの口当たりをよくする。

長太郎貝

ほたて貝と同じ形ですが、オレンジ、赤、紫とカラフルな色をしているのが特徴。一般的には「緋扇貝」といいますが、高知では、この貝を見つけた漁師の名前から「長太郎貝」と名づけられたとか。獲れたては刺身でも食べられ、コリコリした食感と甘味が持ち味です。

長太郎貝のアヒージョ

アツアツのにんにくオイルで
グツグツと煮立てます。
ふわっと香る風味が絶品！

酢みかんのいろいろ

高知は柑橘類の宝庫。そして、料理には柑橘酢を多用します。初夏に青い実をつけるぶしゅかんを刺身にかけると、さっぱりした酸味で身を引き締めます。ほかに、まだ皮が青いゆずやすだち、ゆうこうなども出そろいます。これらを「酢みかん」と呼び、何にでもかけて食すのが高知流。酸っぱいくらいの酢が効いた味を好み、気の利いた子どもを「酢がきいちゅう」とほめるくらいです。また、ぶしゅかんやゆずは青い皮を刻んだり、すりおろしたりして料理に加え、夏の香りを楽しみます。

・皮を使う
酢みかんの皮には香りの成分が凝縮されている。薄くむいて極細に刻んだり、すりおろして利用。

・絞りかける
半分に切ってたっぷり絞りかけ、料理にさわやかな酸味をつける。青いうちのほうが香りは強い。

抜き菜

日曜市や木曜市では、いろいろな抜き菜が山積みにして売られている。

8月から9月にかけて、八百屋の店頭にずらりと並ぶのが抜き菜です。抜き菜とは、野菜を大きく育てるために途中で間引いた若菜のこと。白菜、しゃくしな、大根、かぶとたくさんの種類があり、これらは流通しないので、地元でしか味わえません。やわらかくておいしいので、サッとゆでて和えものにもしますが、一番のおすすめは塩漬け。塩もみして軽く押しておけば、すぐに食べられます。かつお節と酢みかんをかけ、さっぱりいただく漬けものは、故郷の味といえるでしょう。

抜き菜の漬けもの

香りも味もフレッシュな
やわらかい青菜を
酢みかんでさわやかに。

材料（作りやすい分量）

抜き菜（または水菜）……200g
塩……小さじ2
だし……大さじ3
かつお削り節……適量
酢みかん……適量

作り方

1 抜き菜は洗って軸のついたままバットに並べ、塩を振りかけて30分おく。

2 **1**をしっかりもんで水気を絞り、だしをかけて倍量くらいの重石をし、1時間ほど漬け込む。

3 食べやすい長さに切り、器に盛って削り節をたっぷりかけ、酢みかんを絞りかける。

2

抜き菜に塩がなじんだら、ギュッギュッともんで、しんなりさせ、水気をきつく絞る。

2

塩もみした抜き菜をバットに並べ、だしをかけると旨みがついて、塩気がまろやかになる。

涼味ところてん

酸味とともにつるりと入り
スーッと涼しくなります。
暑い日のおやつに最適。

作り方

1 左ページの作り方を参照して、ところてんを作る。

2 食べる直前に、ところてん突きで1を器に突き出し、ところてんだし適量を加える。薬味は、すりごまとおろししょうががおすすめ。

・ところてんだしの作り方

だし2カップに、米酢50㎖、薄口しょうゆ50㎖を加え混ぜる。

固まったところてんは、ところてん突きに入る大きさに切っておくと、突きやすい。

やまももコンポート

高知でしか味わえない果実、
やまももをシロップ漬けに。
ほのかな酸味が口に広がります。

材料（作りやすい分量）

やまもも……300g
グラニュー糖……300g
水……500㎖
白ワイン……100㎖
レモン果汁……少々

作り方

1 鍋に水とグラニュー糖を入れて沸騰させ、白ワイン、レモン果汁を加える。

2 1にやまももを入れて再沸騰させて火を止める。紙の落とし蓋をしてそのまま冷ます。

★やまもものコンポートは煮汁ごと保存袋に入れて冷凍すれば、1年くらい保存できる。

ところてんの作り方

ところてんの材料となる天草（てんぐさ）は、紅色をした海藻。磯で採取した天草を、水洗いしては干す、という作業を繰り返し、乾燥させるので、とても手間がかかります。それだけにおいしさは抜群。乾燥天草を煮出すところからところてんを作ってみましょう。六角を入れると固まりやすくなります。作り方は、高知で暮らす母の試行錯誤を重ねたレシピです。

材料（作りやすい分量）

天草……100g
六角（天草の固いところ）10g
水……3750㎖
酢……50㎖

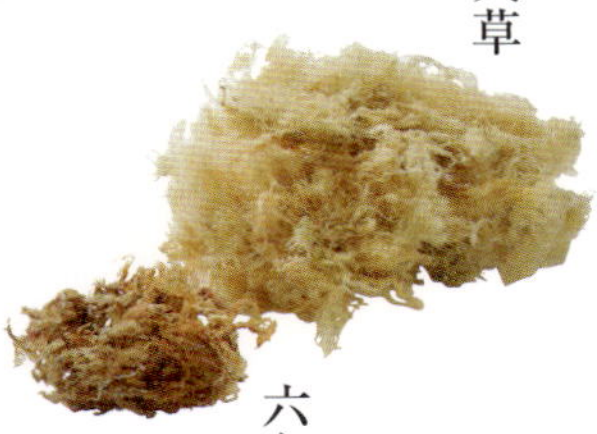

天草

六角

1

鍋に分量の水、酢、天草、六角を入れて火にかける。沸騰したら吹きこぼれない程度の火加減にし、天草にヌメリが出るまで50分〜1時間煮る。

2

ボウルに重ねたざるに**1**をあけてこす。

3

ざるに残った天草を網じゃくしで押さえ、残ったヌメリ成分をボウルに落とす。

4

こした液をさらに、ボウルに重ねたこし袋にあけてこす。

5

こし袋を菜箸2本ではさんで下へとしごき、残った液をボウルに落とし入れる。

6

バットに**5**を流し、泡をていねいにすくい取り、冷めて固まるまでおく。固まったら突きやすい大きさに切って、水を張った容器に入れ、冷蔵庫で保存する。

高知のおいしいもん②

めじかの刺身

朝獲れのめじか（宗田がつお）をぶしゅかんで。あっさり味の中に旨みがある。つまは、りゅうきゅう、みょうが、赤芽など。

地元ならではの旬の味わい
魚料理

・英屋《ひでや》

生めひかりの唐揚げ

秋～冬が旬のめひかりをカラリと揚げて、紅葉おろしポン酢でいただく。めひかりは傷みやすいので、干ものにすることが多い。

高知市の繁華街には、おいしい魚料理を食べさせる料理屋や居酒屋が数多くあります。海が近いだけでなく、太平洋に面した海岸線は東西に長いため、場所によって穫れる魚が違い、各漁場の名物魚が手に入るからです。選りすぐりの魚があれば、自ずと料理人の腕も上がり、お客の舌も肥えと、相乗的に絶品料理が生まれます。

日曜市のある通りから少し北へ行ったところにある「美食酒房 英屋」で、高知の味をいただいてみることにしました。

「高知は本当に魚に恵まれていると思います」と話すのは、大将の宮本英揮さんの下で働いている、娘の英美佳さん。

「この時期に最高の魚をと、こだわりをもって仕入れ、いちばんおいしい料理法でお出ししています。一緒に、地元産の季節の高知野菜も味わってほしいですね」

確かに、生めひかりの唐揚げ、うつぼのたたきなどは、高知でしか味わえないもの。海の幸がすぐそこにあることの贅沢さを、心ゆくまで堪能できる魚料理の数々でした。

かつおの塩たたき

室戸の海洋深層水の塩を使用。薄切りにんにく、みょうが、ねぎを効かせ、直七を絞りかけ、身をキュッと引き締めて口へ。

うつぼのたたき

コラーゲンたっぷりの、高知の郷土料理。小骨を骨切りし、表面を焼いてたたきに。しょうがの絞り汁とにんにくスライスを漬け込んだポン酢で。

土佐巻き

居酒屋メニューから広まった、かつおのたたきののり巻き。時期によって、かつおの脂ののり具合で味が違ってくる。

酢がき

新鮮な地がきは、生がいちばん。高知のゆずを使ったポン酢をたっぷりかけ、薬味のねぎとともにさっぱり、つるりといただく。

美食酒房 英屋
高知市廿代町４－９
TEL 088-871-2877

大将の宮本英揮さんは、数々の老舗の料亭で修業したあと独立。和食の技をベースに、地元の素材を使った土佐の郷土料理や旬の料理を提供している。

花にらの卵焼き

にらは高知野菜の一つ。香りがマイルドな花にらは、花ごと炒めものなどに使われる。露地ものは５月～９月が旬。

秋～冬の章

収穫に追われる実りの秋。
冬でも海山の幸に恵まれて、
こだわりの食を楽しむ
本当の豊かさがここに。

椎の実

むかご

四方竹

人参の若葉

赤芽いも

ちゃーて

原木しいたけ

厳しい残暑もようやく去り、遅めの秋がやってくると、根もの野菜や野山で採れる珍しい食材がたくさん出てきます。日曜市をのぞいてみれば、冬野菜の抜き菜や栗、柿、椎の実、むかご……と、秋の味覚が満載。秋の竹の子、四方竹やホクホクした食感の赤芽いも、青々としたにんにくの葉など、よそにはない伝統の味に出会えるのもこの時期です。

そして、風が冷たくなるにつれ、酢みかんも色づいてきて、黄色いゆずや橙の季節になります。高知では、香り高いゆずの果汁を「ゆの酢」といって、酢の代わりに多用します。お祝いの席に欠かせない皿鉢料理のメイン、寿司の飯に使われるのも、ゆの酢です。

正月近くなると、金目鯛やかさご、いとよりなど、近海で獲れる身の締まった赤い魚で市場がにぎわいます。だしのよく出る魚を鍋にして、ゆずや橙のポン酢でいただくごちそうは、こたえられないおいしさ！

秋には秋の、冬には冬の海山の幸があることは、本当にありがたいこと。小寒、大寒をつつがなく過ごしているうちに、早くも春の足音が聞こえてきます。

橙

にんにくの葉

ゆず

きくらげ

小かぶ

自然薯《じねんじょ》

原木しいたけのエスカルゴバター

肉厚のプリプリした食感を
ほたての旨みとバターのコク、
パセリの風味がコーティング。

材料（4人分）

原木しいたけ（身厚）……8個
ほたてむき身＊……200g
にんにく……3片
パセリ……10g
オリーブオイル……½カップ
塩・黒こしょう……各適量
バター……40g

作り方

1 しいたけは身の厚いものを選び、十字に4等分する。ほたては半分に切る。にんにくとパセリはみじん切りにする。

2 フライパンにオリーブオイルの半量を入れ、にんにくを入れて火にかけ、香りが出たらしいたけを炒める。焼き色がついたら残りのオリーブオイルを入れて熱し、ほたてを加えて炒め合わせ、塩、こしょうを振る。

3 **2**にバターを入れて溶かし、パセリを加えて少し炒めたらできあがり。

＊ほたての代わりに、68ページの長太郎貝（緋扇貝）を使ってもよい。

原木しいたけ

ナラやクヌギなどの原木にしいたけの菌を植えつけ、自然に近い状態で育てたもの。もう一つの栽培法として、おがくずなどを固めて菌を植えつける菌床栽培があります。森林が多い高知県は原木栽培がしやすい環境にあり、秋に収穫される原木しいたけは肉厚で旨みも十分です。

人参葉の白和え

色鮮やかな若葉を選び
口当たりのよさと香りを
ごまを効かせて味わいます。

材料（2～3人分）

人参の若葉（抜き菜）……………100g
木綿豆腐……………………半丁
白煎りごま………………大さじ1
砂糖……………………小さじ1
塩………………………ひとつまみ
薄口しょうゆ……………小さじ1弱

作り方

1 人参の葉は熱湯でサッとゆで、水に取って冷まし、水気を絞る。これを食べやすい長さに切る。

2 木綿豆腐は熱湯の中に1分くらい入れて取り出し、さらしの布で包んで水気を絞る。

3 すり鉢に煎ったごまを入れ、半ずり程度にすり、**2**を入れてさらにする。砂糖、塩、しょうゆを加えて混ぜ、**1**を入れて和える。

人参の若葉

新人参が出回る少し前に間引きされたもので、小さくて細い人参がついています。なるべくやわらかくて色のきれいな葉を選び、サッとゆでて、おひたしや和えものに。少し硬いようなら、天ぷらや炒めものがおすすめ。生食用として、水耕栽培の人参葉も市販されています。

さつまいものガレット

甘味の増した晩秋の
ホクホクした素朴なおいしさを
パン生地と一緒にどうぞ！

材料（20㎝円形1枚分）

生地

強力粉	130g
砂糖	15g
ドライイースト	3g
塩	1g
水	85g
バター	20g

フィリング

さつまいも	中1本
砂糖	20g
バター	20g
塩	適量

作り方

1 生地を作る。強力粉に砂糖とイーストを入れ、よく混ぜてから塩を加える。30度に温めた水を加えてひとまとめにし、やわらかくしておいたバターを加えて、表面がなめらかになるまでこねる。

2 **1**にラップをかけ、35度くらいの場所（日が入るところなど）で40分発酵させる。約2倍の大きさに膨らんでいればOK。

3 フィリングを作る。さつまいもは皮をむいて1㎝角に切り、やわらかくなるまでゆでる。ゆで汁を大さじ1くらい残して捨て、火にかけたまま鍋を揺すって粉吹き状にする。これに砂糖をからめて冷ましておく。

4 一次発酵が終わった**2**の生地を直径22㎝の円形に伸ばす。ピザ生地のように、真ん中は薄く、まわりは土手のように少し厚くし、その中に**3**と細かく切ったバターをのせて塩少々を振り、35度くらいの温度で、30分発酵させる。

5 最後に塩少々を振って170度のオーブンで20分焼く。

3 さつまいもがゆで上がったら、粉吹きいもの要領で水分を飛ばし、ホクホクした食感に仕上げる。

4 二次発酵で周りの生地がけっこうふくらむので、さつまいもはこんもりとのせても、安定する。

きくらげ佃煮

貴重な地元産を使って贅沢に。
生のコリコリした食感が
心ゆくまで楽しめます。

材料（作りやすい分量）
生きくらげ……………100g
しょうが……………10g
しょうゆ……………大さじ1と½
みりん……………大さじ1
酒……………大さじ1
砂糖……………大さじ1弱
白煎りごま……………少々

作り方
1 きくらげとしょうがは厚めのせん切りにする。鍋にしょうゆ、みりん、酒、砂糖を入れて、砂糖が溶けるまで熱す。
2 **1**にきくらげ、しょうがを入れて弱めの中火でクックツと汁気がなくなるまで煮詰め、仕上げに白ごまを振る。

きくらげ

くらげのような食感を持つ、きのこの仲間。乾燥させたものが多く市販されており、その多くは中国産です。国内産の生きくらげは貴重なので、せっかくなら肉厚でツヤのあるもの、色が濃いものを選びましょう。乾燥ものに比べて弾力があり、味も格別。食物繊維も豊富です。

椎の実ごはん

プチプチと歯に当たる
懐かしい故郷の味。
秋の匂いが漂ってきます。

材料（3～4人分）

米……………………………2合
水……………………米の20％増し
椎の実………………………約40個
塩……………………………小さじ½

作り方

1 椎の実は天日に干して、パチンと口があくまで待ち、殻と皮をむく。

2 鍋または炊飯器の内釜に、研いだ米と分量の水を入れ、椎の実と塩を加えて普通に炊く。炊きあがったら、上下を返して器によそう。

1 拾い集めてきた椎の実は天日に干しておくと殻に亀裂が入る。そこを手がかりに指先で殻をむく。

四方竹《しほうちく》とこんにゃくの煮もの

高知にしかない秋が旬の竹の子煮。
シンプルながらしみじみ旨い
昔からの郷土料理。

材料（3～4人分）

四方竹……………………10本
だし……………………2カップ
砂糖……………大さじ2と½
しょうゆ……………大さじ2

作り方

1 四方竹は熱湯でやわらかくゆでて皮をむく。

2 こんにゃくは手またはスプーンで一口大にちぎり、熱湯でサッとゆでておく。

3 鍋にだしと**1**を入れて3分くらい煮て、**2**を加えてもう3分煮る。砂糖を入れて3分くらい煮たらしょうゆを加え、少し煮て火を止め、しばらく置いて味を含ませる。

2

下ゆでした四方竹は、まずだしで煮て、調味料を入りやすくする。こんにゃくも同様に。

四方竹

秋に旬を迎える、細くてきれいな黄緑色をしている竹の子。採れる時期が1か月くらいしかなく、多くは下ゆでして皮をむいた状態で売っています。アクが少なく、やわらかくて食感は良好。輪切りにしてかつおや鶏肉と一緒に煮た「ポン切り煮」も、よく作られます。

ちゃーてときくらげの炒めもの

淡白な味に肉の旨みがからんで
香ばしさも満点。
歯応えのよさがクセになりそう。

材料（4人分）

ちゃーて……1個
豚小間切れ肉……150g
生きくらげ……3枚
にんにく……1片
塩……小さじ½
こしょう……適量
ごま油……大さじ1

作り方

1 ちゃーては皮をむいて縦4等分に切り、種の部分を取り除いて、小口から薄切りにする。

2 きくらげは一口大に切り、にんにくは薄切りにする。

3 フライパンにごま油を熱し、にんにくを入れて香りが出るまで炒め、豚肉を入れて塩、こしょうをし、肉に赤いところがなくなるまで炒める。

4 **3**を取り出し、同じフライパンでちゃーてときくらげを炒める。ちゃーてが透明になってきたら豚肉を戻し、炒め合わせる。

ちゃーては表面に凹凸があるので、ピーラーを使うと平らにむきやすい。これを縦に4等分し、りんごと同じように、上下から切り込みを入れて芯を除く。

ちゃーて（はやとうり）

熱帯アメリカ原産の瓜の仲間で、日本には最初に鹿児島に伝わったことから隼人瓜（はやとうり）と名づけられました。高知では英名のchayoteをカタカナ読みし、チャーテと呼ばれます。10月ごろが旬で、白うりに比べて硬めですが、漬けものにすると歯応えがよく、味にクセがないので、炒めものにも合います。

赤芽いもの煮っころがし

じっくり煮ればホクホクの
だしの旨みがしみ込んだ
心がほっと安らぐおいしさ。

材料（4人分）
赤芽いも……………………小10個
だし…………………………3カップ
砂糖…………………………大さじ6
薄口しょうゆ………………大さじ2と½
酒……………………………大さじ1

作り方
1 赤芽いもは皮をむき、水から入れて、竹串がすっと刺さるまでやわらかくゆでる。ざるにあげて水洗いし、ヌメリを取る。
2 鍋にだしと1を入れて火にかけ、煮立ったら砂糖を加えて3〜4分煮、しょうゆと酒を加えて弱火で味がしみるまで煮る。あれば、ぶしゅかんの皮をすりおろして振る。

赤芽いも
温暖な地方でよく育つ、芽の部分が赤い里いも。インドネシア産のセレベス系統とされ、高知ではこの種の里いもが多く栽培されています。果肉は白く、ヌメリが少ないのが特徴。煮ものにするとホクホクした食感になり、揚げものやポタージュにしてもおいしい、冬の味覚です。

小かぶと小いかと柿のサラダ

出始め同士のやわらかさを
柑橘酢でキリッとさせて
歯ざわりよくいただきます。

材料（2〜3人分）

小かぶ……………………5〜6個
小いか……………………5杯
柿……………………………1個
塩……………………小さじ1
こしょう…………………少々
ぶしゅかん果汁（他の柑橘でも）½個分
オリーブオイル
またはごま油……大さじ1と½

作り方

1 小かぶはよく洗って葉とかぶに分け、かぶは半分に切り、葉は小口切りにする。これをボウルに入れて塩を振り、しんなりしたら水洗いして水気をよく絞る。

2 小いかは胴から足とワタを抜き、ワタや目、口、皮を取り除いて3〜4つに切る。これを熱湯でサッとゆで、ざるにあげる。

3 柿は皮をむいて一口大に切る。

4 ボウルに塩小さじ½（分量外）、こしょう、ぶしゅかん果汁を入れて混ぜ、塩が溶けたらオリーブオイル、小いかを入れてひと混ぜし、**1**と柿を入れて和える。

自然薯《じねんじょ》の磯辺焼き

強い粘り気はまるでお餅のよう。焼くとモチモチとして食べやすくお腹も大満足なお茶受けに。

材料（直径約6cm×6個分）

自然薯……………………250g
しょうゆ…………………適量
味つけのり（おにぎり用）…6枚
菜種油（サラダ油）……小さじ2

作り方

1 自然薯は洗って皮をむき、おろし金ですりおろす。

2 フライパンに油を熱し、**1**をスプーンですくって落とし、円形に広げる。焼き色がついたら裏返し、両面とも焼き色をつける。

3 両面に刷毛でしょうゆを塗り、もう一度軽く焼いてのりで包む。

自然薯

本来は山に自生している天然の山いものことでしたが、近年は盛んに栽培されるようになりました。11～12月が収穫の最盛期です。消化酵素のアミラーゼを多く含み、山いもの中では粘りの成分ムチンが最も豊富。ムチンには老化防止を始め、すぐれた健康効果が期待できます。

1 粘りが強いので、穴あきタイプでないおろし金を使い、表面にたまったらバットに移していく。

2 自然薯をスプーンですくったら、もう一本のスプーンを使って、丸くなるように落としていく。

むかごの素揚げ

噛めば香ばしさとともに
山いもの粘りが歯にからむ
野生の味が魅力です。

材料（作りやすい分量）

むかご……………………適量
揚げ油……………………適量
塩…………………………適量

作り方

1 むかごは洗って水気をきる。
2 揚げ油を170度に熱し、むかごを入れて浮き上がってくるまで揚げる。キッチンペーパーなどに取って広げ、すぐに塩をふる。

むかご

秋になると山いものツルの葉のつけ根に、びっしりついた小さな実が見られます。これがむかご。9月下旬から11月初旬ごろ、葉の色が黄色くなり始めたら採りどきで、草むらなどに自生していることもあります。塩ゆでにするだけでもおいしく、炊き込みごはんにもよく合います。

にんにくの葉の炒めもの

若い葉のまろやかな香りを
肉に移して風味倍増。
コクもあって食が進みます。

にんにくの葉

にんにくの成長途中に収穫し、若い葉を食べる高知の伝統野菜。冬に食べる青菜として喜ばれ、くじらと煮たり、鍋に入れたりする料理法で親しまれてきました。にんにくの葉をすりつぶし、酢みそに混ぜた「ぬた」を、刺身や厚揚げにかけて食べる方法は高知独特のものです。

材料（3～4人分）

- にんにくの葉……300g
- 豚小間切れ肉……200g
- A
  - 酒……大さじ1
  - しょうゆ……大さじ1
- ごま油……大さじ2
- しょうゆ……大さじ2
- 砂糖……大さじ1

作り方

1 にんにくの葉は食べやすい大きさに切る。根に近い白い部分が太ければ、縦半分に切る。

2 バットにAを合わせ、豚肉を15分くらいつけておく。

3 フライパンにごま油を熱し、**2**の豚肉とにんにくの葉の白い部分を入れて炒め、肉の色が変わったら残りの葉を入れて炒める。葉がしんなりしたら、しょうゆと砂糖を加えてサッと炒め、味をからめる。

金目鯛のアクアパッツァ

脂がのって身厚の高級魚を
あさりやトマトと洋風煮つけに。
濃厚な旨みが中までしみて絶品！

金目鯛

美しい朱色と金色の目が特徴の深海魚。室戸沖で獲れる『土佐沖どれ金目鯛』は全国に知られるブランドです。冬から初夏にかけては脂がのっていて、もっちりした食感と甘味があります。煮つけが一般的ですが、新鮮なものは刺身にもでき、鍋の具材や蒸しものにしても美味。

材料（4〜6人分）

- 金目鯛……………………1尾
- 塩…………………………適量
- こしょう…………………適量
- オリーブオイル………大さじ3
- にんにく…………………2片
- あさり……………………12個
- チェリートマト（プチトマト）…20個
- 水……………………1と½カップ
- ケイパー………………大さじ1
- イタリアンパセリのみじん切り……大さじ1

作り方

1 金目鯛は鱗と内臓を取ってよく洗い、身の外側と内側に、塩とこしょう各適量をすり込んでおく。火の通りをよくするため、身の厚い部分に斜め十字形の切り込みを入れる。

2 オーブンに入れられるフライパン（または耐熱性の厚手の鍋）にオリーブオイルとつぶしたにんにくを入れて温め、香りが出たら金目鯛を入れて、両面に焼き色をつける。

3 **2**を180度のオーブンで15分ほど焼く。

4 オーブンから2を取り出し、あさり、トマト、水を入れて煮る。あさりが全部開いたところで味を見て、足りなければ塩を加える。途中で金目鯛に煮汁をかけながら中まで火を通す。

5 ケイパーを加えてさっと火を通し、温めておいた皿に盛る。仕上げにイタリアンパセリを散らし、オリーブオイル少々（分量外）をかける。

4
あさりのだしとトマトの旨みを魚にかけながら火を通すことで、身にしっかり味を浸透させる。

冬魚のブイヤベース

だしの出る魚介を惜し気なく使い、
豪快な冬の宴にふさわしい
ごちそうを心ゆくまで味わって。

がしら（かさご）

いろいろな名前があり、関東では「かさご」、関西では「がしら」と呼ぶのが一般的。高知でもがしらです。深海に潜むがしらは鮮やかな赤色で、背ビレや腹ビレ、頭部に硬くて鋭いトゲがあります。中は白身の上品な味わい。鍋にすると旨みたっぷりのおいしいだしが出ます。

材料（6人分）

- がしら（かさご）……2尾
- ほうぼう……1尾
- いとより……半身
- れんこ鯛……半身
- がざみ（わたりがに）……2杯
- 玉ねぎ……1個
- フェンネル……50g
- ポロねぎ（または下仁田ねぎ）……50g
- トマト……4個
- にんにくの薄切り……1片分
- オリーブオイル……大さじ2〜3
- サフラン……少々
- 白ワイン（辛口）……150㎖
- 塩……小さじ1
- 水……2と½カップ

★魚は、きんき、甘鯛、たら、きすなどを使ってもよいが、がしら（かさご）とほうぼうは必ず入れる。魚全体で1.5kgが目安。
★トマトは完熟がなければ、ホールトマト缶1缶でもよい。

作り方

1 魚はすべて鱗と内臓を取ってきれいに洗っておく。大きいものはぶつ切りにする。かには足の部分を叩いて身を取り出しやすいようにする。

2 玉ねぎはくし形に切り、フェンネルは繊維を断ち切るようにして薄切りに、ポロねぎは縦半分に切って薄く切る。トマトは湯むきして半分に切り、種を出してサイコロ状に切る。

3 鍋にオリーブオイルとにんにく、玉ねぎ、ポロねぎ、フェンネルを入れて、玉ねぎが透き通るまで炒める。塩少々を入れて少し炒め、サフラン、白ワイン、**1**の魚とかにを入れる。残りの塩と水を入れて5分ほど煮る。

4 **3**にトマトを入れる。トマト缶の場合はつぶしながら入れる。味を見て旨みが足りないようなら、あと4〜5分煮る。

5 好みでルイユを入れて食べる。

3

炒めた野菜の上に魚介を並べ、ワインとトマトで煮ていく。魚介は隙間を埋めるように詰めていく。

★ルイユのレシピ

材料／卵黄１個、にんにくのすりおろし小さじ１、塩・こしょう・カイエンヌペッパー各適量、オリーブオイル 50mℓ作り方／卵黄ににんにく、塩、こしょう、カイエンヌペッパーを入れて泡立て器でよく混ぜ、そのまま混ぜながらオリーブオイルを少しずつたらして加えていく。日持ちしないので、そのつど作ること。

水炊き橙ポン酢

鶏のだしとコクを野菜に含ませ
橙のスキッとした香りでさっぱりと。
体の芯からぽかぽかに！

材料（6人分）

鶏もも骨つきぶつ切り肉……600g
人参……½本
大根……5cm
水菜……½束（100g）
白菜……¼個（300g）
えのき……1パック（200g）
水……1.5ℓ
橙ポン酢（または好みのポン酢）……適量

作り方

1 鶏肉は熱湯をさっとくぐらせ、臭みを取る。人参はピーラーで薄くむく。大根は皮をむいて5㎜幅のいちょう切りにし、水菜は5㎜長さに切る。白菜は、白い部分と葉のやわらかい部分に分けて、それぞれ食べやすい大きさに切る。えのきは根の固い部分を切る。

2 鍋に水を張り、鶏肉を入れて沸騰させる。途中でアクが出たらすくい取る。アクがなくなったら人参、大根、白菜の白い部分を入れて、しんなりしたら残りの材料を入れる。

3 煮えたものからポン酢につけて食べる。好みで、紅葉おろし（33ページ参照）を加えてもよい。

★橙ポン酢のレシピ

橙の果汁としょうゆを6：4の割合で混ぜる。6人分の目安は、橙の果汁120㎖にしょうゆ80㎖。

色づいた橙を横半分に切り、果汁をギュッと絞る。果汁の酸味と風味をしょうゆに混ぜてポン酢に。

橙

冬に橙色に色づきますが、春になると再び青くなり、何年も木から落ちないことから、長寿や家の代々（だいだい）の繁栄に見立て、お正月の縁起物に使われます。果肉は食べませんが、酸味が強く、香りのよい果汁はポン酢などに使われます。鶏の水炊きをする地方では、橙のポン酢が欠かせません。

ゆずの香り寿司

高知名産「ゆの酢」を贅沢に使い、さばとしょうがを混ぜた寿司飯に。祝いの席に欠かせない香りです。

材料（4人分）

米……2合
さば……¼身
しょうが……70g
ゆずの皮……¼個分
白煎りごま……大さじ2
寿司酢
- 米酢……20mℓ
- ゆず果汁……30mℓ
- 砂糖……大さじ2と½
- 塩……小さじ2弱

作り方

1 米は洗って30分くらいざるにあげておき、炊飯器の内釜に入れ、「すし」の目盛りまで水を入れて炊く。または、米の分量の15％増しの水で炊く。

2 しょうがは粗みじん切りにし、ゆずの皮は、白い部分をできるだけ除き、みじん切りにする。寿司酢の材料をすべて混ぜておく。

3 さばは焼いて身を細かくほぐし、寿司酢の半量を混ぜて、さらに細かく手でほぐす。

4 残りの半量の寿司酢の中にしょうがを入れて混ぜる。

5 炊きあがったごはんに**3**と**4**を入れて、湿らせたしゃもじで切るようにして混ぜる。ゆずの皮、ごまを入れて混ぜ、うちわで仰いで、ときどき上下を返しながら冷ます。

3

ごはんに混ぜる焼きさばは、指でていねいに細かくほぐす。寿司酢でやわらかくするのがコツ。

・ゆずの皮の保存法

果汁を絞ったあとのゆずの皮は、冷凍しておくと便利。薄切りやみじん切りにし、天日に干して乾燥させるのも手。しょうがも一緒に干すと使い勝手がよい。

文旦コールスロー

甘くてみずみずしい果実を
さわやかサラダにアレンジ。
明るい色合いは、もう春の気分。

材料（4人分）

- 文旦……½個
- キャベツ……½個
- コールスロードレッシング
  - 白ワインビネガー……60㎖
  - 粒マスタード……大さじ1
  - 塩・こしょう……各少々
  - サラダ油……1カップ
  - キャラウェイシード……ひとつまみ

作り方

1 文旦は皮をむき、袋から果肉を取り出す。キャベツは細かいせん切りにする。

2 ボウルにドレッシングの材料をすべて入れてかき混ぜる。

3 大きめのボウルに**1**の材料を合わせ、**2**をかけて混ぜ合わせ、味をからめる。

・文旦のむき方

皮が厚い文旦は、上下を切り落とし、皮に縦線の切り目を数本入れ、線に沿ってむくのがコツ。

果肉を取り出すときは、片側の袋と果肉の間に包丁を入れ、縦にそっとはがすようにする。

文旦

ほかの柑橘類に比べ、大きいのが特徴の高知の特産品。果肉の水分は少なめですが、さわやかな甘さが口に広がり、プリプリとした食感です。ハウス栽培のものは秋から出始め、露地ものは冬から春先までが旬。「土佐文旦」と糖度を高めた上品な甘さの「水晶文旦」とがあります。

高知のおいしいもん作り手訪問

海の幸、山の幸は、自然の恵みであるとともに自然環境を最大限に生かして、「最高のものを作ろう」という志を持つ生産者の方々の汗の結晶でもあります。のびのび育つ地鶏の卵、海辺の宗田節、天然塩の生産現場を訪ね、高知の食の真髄に触れてきました。

土佐ジローの卵

・みながわ農場

放し飼いで健康に育った地鶏卵の濃厚な旨みに感動！

土佐ジローは、天然記念物の土佐地鶏とロードアイランドレッドを交配させた、一代限りの地鶏です。卵を産み終わったメス鶏は熟鶏となって食用に、オス鶏は3～5か月で食肉にします。黒潮町にある養鶏場、みながわ農場を見学させてもらいました。「土佐ジローは放し飼いが基本です。鶏舎もありますが、ネットを張った野外で自由にのびのびと育っています」というのは、農場主の金子淳さん。辺りは山に囲まれ、沢の水音が聞こえる静かな環境です。

日当たりがよく空気のきれいな環境にある養鶏場。1㎡に1羽の割合で飼育している。

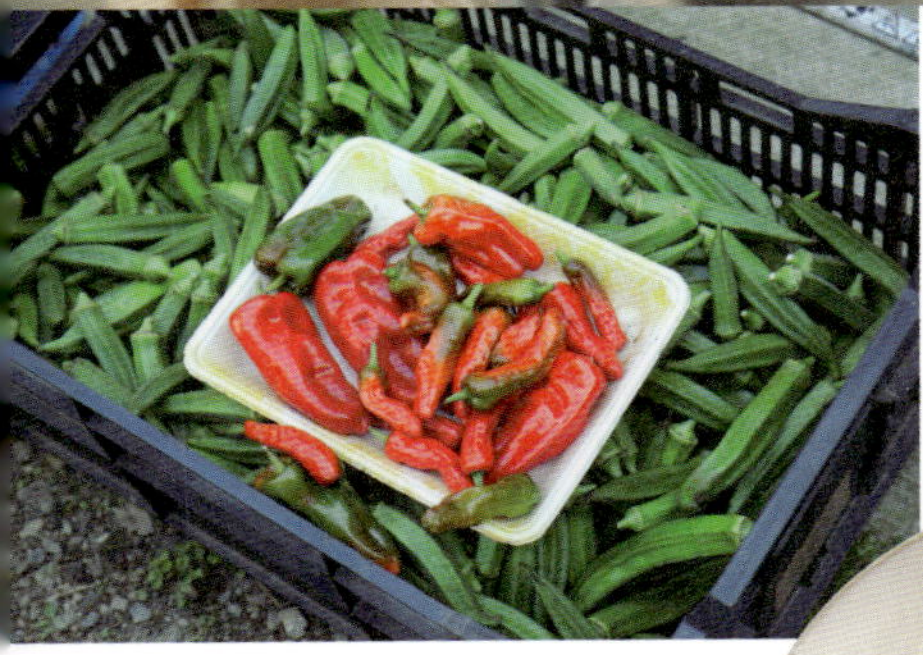

鶏舎の中で餌をついばむ土佐ジローたち。1日1個弱の割合で産む卵は、貴重なもの。

飼料は土佐ジロー専用飼料をベースに、緑の野菜などを与え、健康に育てます。50羽に2羽の割合でオスを入れてあるので、卵はすべて有精卵。小ぶりですが黄身の色が濃く、弾力があって濃厚な旨みが感じられます。生で食べてみたい、価値ある卵です。

自家製のオクラや赤ピーマンを飼料に混ぜている。卵は小ぶりで、卵かけごはんにぴったり。

みながわ農場
高知県幡多郡黒潮町蜷川 149
TEL 0880-44-1618

土佐あかうし

山間部を中心に放牧で飼育されている、褐色毛牛。特徴は赤身のおいしさ。コクと旨みを追究して改良を重ねた成果があらわれており、適度な歯応えも楽しめます。

窪川ポーク米豚

四万十町窪川地域で、ブランド米「仁井田米」を食べて育つブランド豚。脂に香りと甘味があり、肉質はやわらかいと評判です。豚しゃぶやとんかつがおすすめ！

宗田節

・カネタ

天日干しを繰り返し、宗田がつおの旨みをギュッと凝縮

土佐清水市は宗田節生産量日本一。足摺半島にある生産会社を訪ねました。「宗田節はコクと旨みが濃厚なだしが取れるので、うどんやそばのおつゆとして主に業務用に使われます」とカネタの福田さん。

その製造工程には昔ながらの手作業が多く、「カビつけ」をする際には、1本1本の状態を見分けて、燻製乾燥や天日干しを繰り返すなど、手間と時間をかけて仕上げます。太陽の光を浴びてカチッと硬く身を締め、旨みを凝縮させた宗田節は逸品です。

太平洋を臨む日当たり抜群の場所で大量の宗田節を広げ、天日干し。カビをつけない裸節と、カビつけをした本枯節があり、本枯節は天日干しを2～3回繰り返して作る。

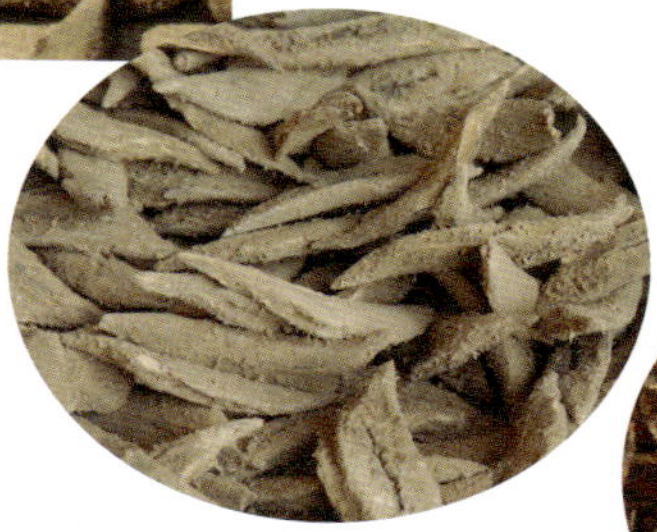

↑カビをつけた節

↓カビをつけない節

カネタ

高知県土佐清水市松尾 439

℡ 0880-88-0423

大釜で煮て内臓や骨を取り除き、燻製乾燥させた節を手作業でチェック。本枯節はカビの状態を見て、工程を戻したりして、完成させる。

自然海塩

風と太陽光で水分を蒸発させる設備。地上８メートルの高さから海水を流し、循環させて濃縮する。

・海工房

ゆっくり結晶化させて作る 旨みがあってまろやかな自然海塩

太平洋に面した黒潮町にある「海工房」では、海水から作る自然海塩を生産しています。海辺に建つ、海水を循環させて濃縮する設備を見学したあと、山の上の作業場へ。温室のような建物の中に並ぶ木枠の槽では、塩水が結晶化中。「1槽ずつ手でもむようにしてゆっくり結晶化させると、成分が壊れず、おいしい塩ができます」と海工房の鍵原さん。ミネラルたっぷりのまろやかな味は、自然のリズムに合わせた根気のいる作業から生まれていました。

天日干し、手もみで作る「美味海（うまみ）」と、薪釜で炊いて作る「りぐる」。海草のカジメを加えた「黒塩」もある。

海工房
高知県幡多郡黒潮町浮鞭 3369-13
TEL 0880-43-1432

海辺で濃縮した海水は、ハウスの槽に移して結晶化。毎日ていねいに撹拌し、結晶し始めたら日に２度、やさしくもみほぐす。全部が結晶するまで、夏期は約 10 日、冬場は約４週間かかる。これをさらに脱水機にかけ、商品に。

絶対おススメ！

高知のおいしいお土産

高知でのおいしい思い出を、もう一度再現したい！　食通の友だちに高知の美味を届けたい！　そんな方に自信を持っておすすめできるお土産を選んでみました。海山にある自慢の素材を、丹精込めて加工したものばかり。お酒のつまみに、ごはんのお伴に、料理の味つけにと、大活躍する逸品ぞろいです。

芋けんぴ

カリッカリのさつまいもを砂糖でコーティング。四万十町にある南国製菓の直営店「水車亭」の芋けんぴは、昔ながらの甘味に加え、塩、しょうが、青のり、黒ごまと、種類が豊富です。

甘さ控え目、あと引くおいしさで話題の「塩けんぴ」は海洋深層水入り。さつまいもをチップスにした「生姜汁仕込み 芋せんべい」（上）も大人気。

ソース＆ケチャップ

天然素材にこだわり、安全でおいしい調味料を追究している「ケンショー:ソース工房」の製品。甘味料、保存料、着色料を加えない自然の味は、試してみる価値あり。

中濃ソース　　トマトケチャップ

契約農家の野菜や果物を使い、かつおや昆布で旨みを出した中濃ソース。トマトケチャップは、イタリア産有機栽培トマトを使用し、塩分を60%カット。

いも天粉

厚切りのさつまいもにたっぷりの衣をつけて揚げる、土佐名物「いも天」が、この粉さえあれば、家庭でも簡単にできます！　甘くてちょっと塩気のある衣が、いものホクホク食感と好相性。

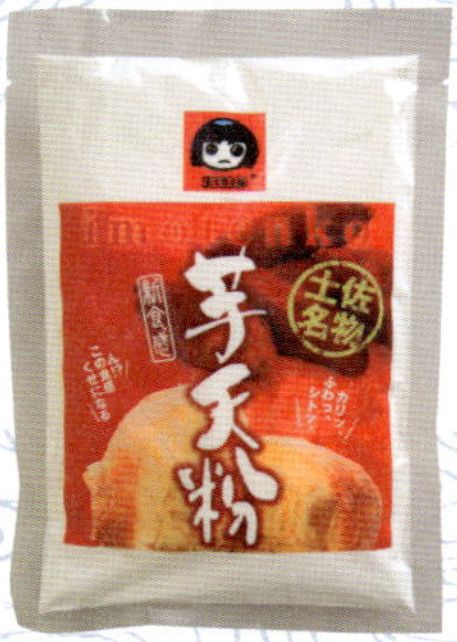

いも天粉を水で溶くだけでおいしい衣に。200g 入り１袋で、さつまいも中２個（約 400g）分が揚げられる。揚げたてをどうぞ！（近森産業　金太郎本舗）

お茶

仁淀川や四万十川上流の山間部は、隠れたお茶どころ。上質の茶葉が育つ環境に恵まれ、高級茶のブレンド用としても出荷されています。また、茶葉以外の植物の、素朴なお茶作りも盛んです。

山の急斜面に広がる茶畑は、昼夜の寒暖差が大きく、香り高い茶葉を育てる。左は、はぶ茶の原料となる「えびすぐさ」。仁淀川上流の池川茶の産地にて。

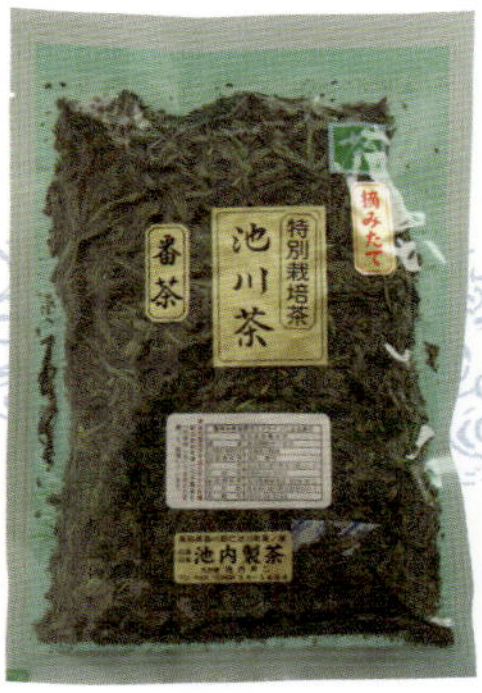

池川茶（番茶）

仁淀川上流の斜面地で栽培されるお茶。昼夜の気温差は川霧を発生させ、日光が遮られることで、まろやかな風味の茶葉になる。（池内茶園）

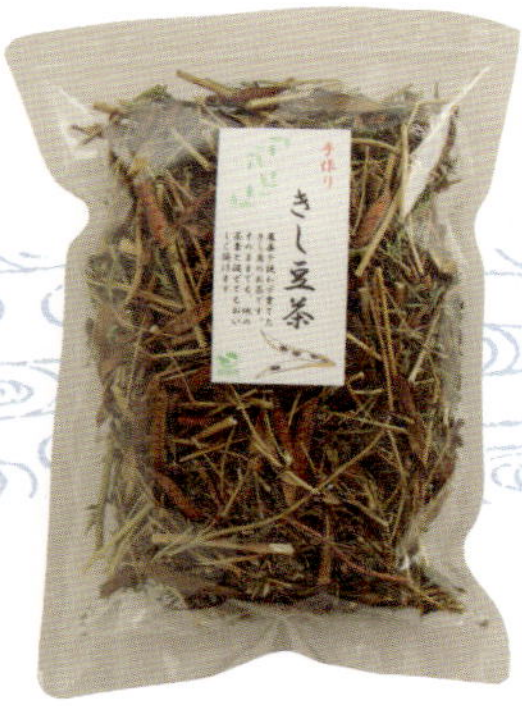

きし豆茶

マメ科の植物「きし豆」の葉や茎を乾燥させたお茶。別名「弘法茶」。香りがよく、ほのかな甘味もあって、すっきりとした飲み口。（香楼園）

しょうが加工品

生産量日本一の、高知のしょうがを使った加工品もいろいろ。ピリッとした風味をごはんや料理のアクセントに。健康効果も期待できそうです。

あわせしょうが

地元産のしょうがと上白糖だけで作った、吉平商店のしょうがシロップ。割って飲むだけでなく、肉や魚の下味つけなどにも利用できる。

おかず生姜

土佐のしょうが、ゆず、しいたけ、いわし雑魚などをブレンドし、甘辛く煮た佃煮。風味と香りのよい上品な味わい。（北川村ゆず王国）

かつお節＆かつお加工品

かつおは高知を代表する魚だけに、関連商品もいろいろ。普通のかつお節よりやわらかいなまり節、かつおのワタの塩辛、そして宗田節の削り節は、高知土産の決定版です。

なまり節は横に薄くスライスし、小ねぎをたっぷりかけて、マヨネーズと酢みかんで食べるのが高知流。

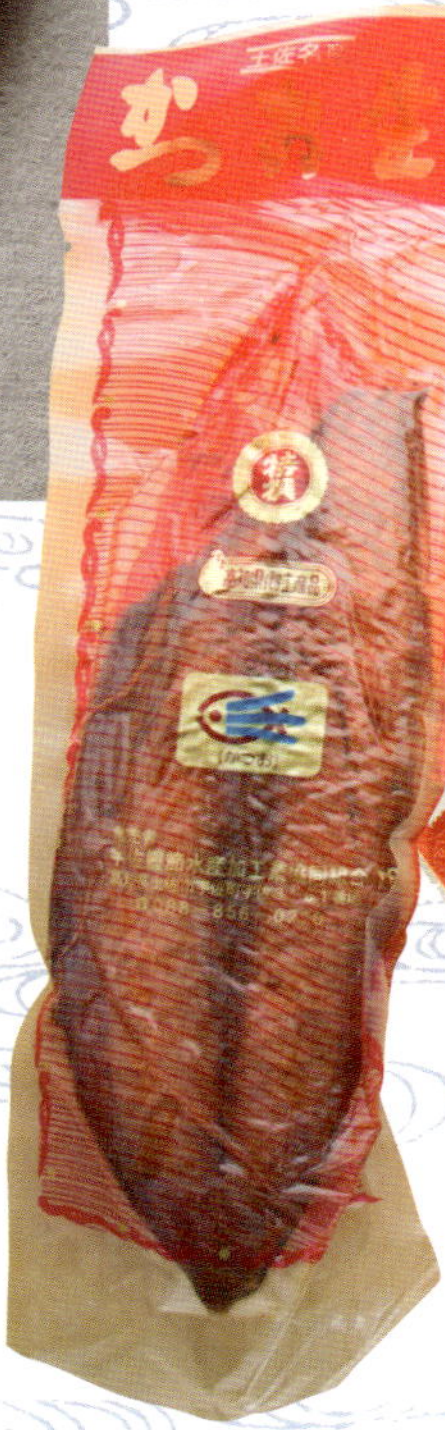

なまり節

かつおを１～２日燻製させたもので、生で食べられる。かつおの風味と旨みが手軽に楽しめ、他の材料とあえるなど、アレンジも自在。

姫かつお

宗田がつおのなまり節に、しょうゆや砂糖、にんにくなどで味をつけたスティック。そのままかじっても、ほぐして料理に加えても。（土佐倉）

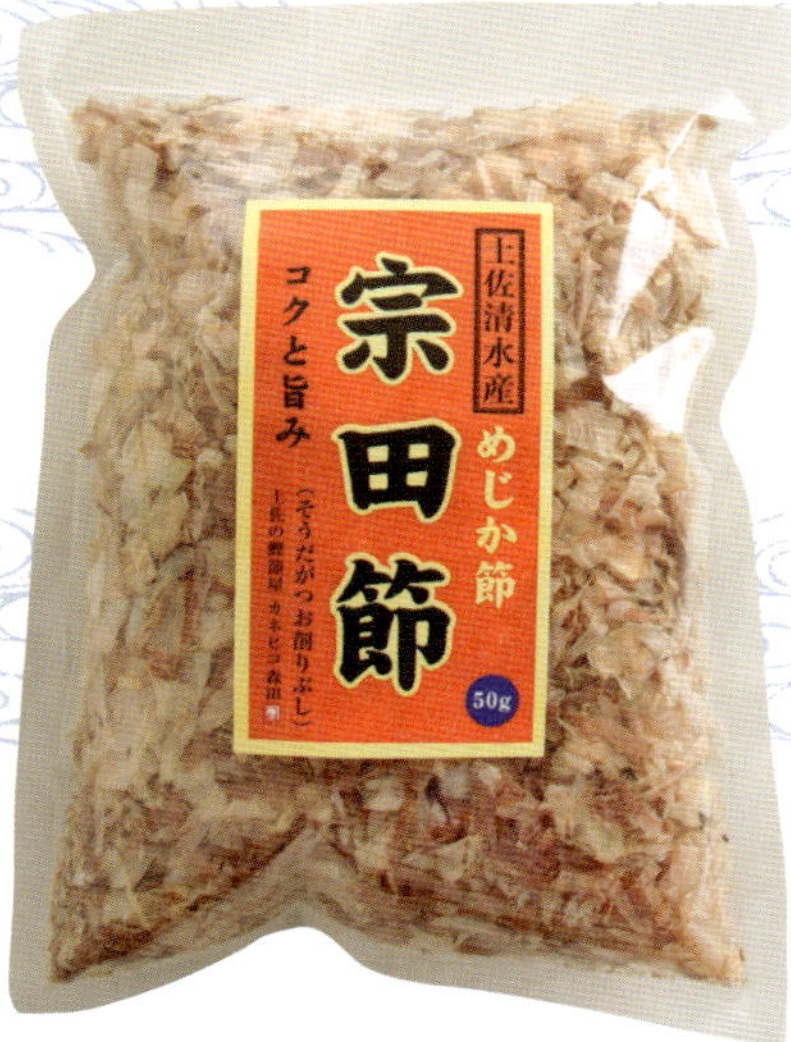

宗田節

コクと旨みが濃厚な、パンチの効いただしが出る宗田節は、削り節を買うと使い勝手良好。めん類のつゆや煮もののだしに最適。

酒盗

食通好みの、かつおの内臓の塩辛。名前の由来は、これを肴にすると酒が進み、「酒を盗んでまで飲みたくなる」という説が有力。（福辰）

柑橘酢

さまざまな柑橘類が育つ高知では、酢みかんといって、酢の代わりに香りのよい柑橘酢を多用します。ポン酢やドリンクにした商品も、喜ばれるお土産ナンバーワン。

ゆず酢

山々に囲まれたゆずの里、北川村で育った香り高いゆずの果汁。魚との相性もよく、寿司酢に加えるとごちそう感倍増。

ゆずドリンク

ゆず果汁にはちみつと糖類を加えたドリンク。ゆずの自然農法にこだわる北川村の「池田柚華園」が昭和53年に日本で初めて考案。

ぶしゅかんポン酢

百年実をつけるといわれるほどの生命力を誇る、四万十百年ぶしゅかん果汁を使用。焼き魚や鍋もの、酢のものなどに。（四万十ＴＳ）

のり

土佐の青のりは、清流四万十川で採れるものが最高級品といわれますが、室戸海洋深層水の青のりも、香りや風味のよさにおいて引けを取りません。天ぷらや卵焼きに、ドレッシングに混ぜても美味。

川のり

独特の香りがある、四万十産のひとえぐさ（青さのり）をメインにした川のりの佃煮。甘辛さのなかに旨みがたっぷり。（四万十食品）

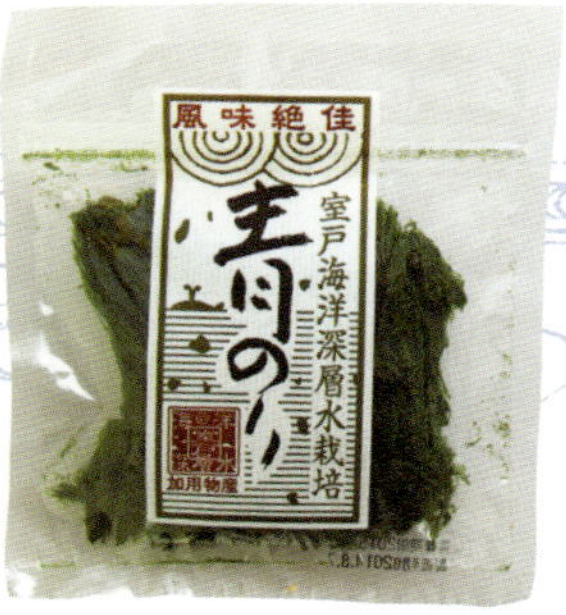

青のり

室戸海洋深層水で栽培されたもの。栄養と陽光をたっぷり吸収した風味絶佳な青のり。食卓にさわやかな海の香りを運んでくれる。（加用物産）

室戸岬沖の海洋深層水

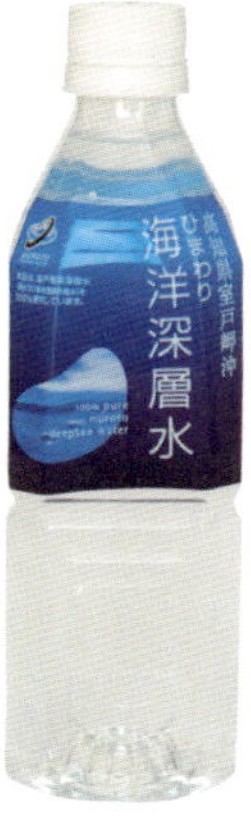

海洋深層水とは、太陽の光が届かない深海で、長い時間をかけて熟成された海水のこと。清浄でミネラルバランスがよいとされています。高知にある自動販売機やコンビニの水といえば、この室戸岬沖の海洋深層水。スッキリした飲み心地です。

そえがき

　大人になって故郷高知に帰り、母の手料理を口にすると、それはまさに私の体が求めている味だと実感したことが幾度もありました。思えば私は、食材の合わせ方といい、調味料の使い方といい、地の物のおいしさを最大限生かした料理を食べて育ってきたのです。

　その味を祖母から習っておけばよかったと思ったときは、すでに遅し。しかし幸いなことに、祖母の料理を舌や手や目などの五感を通して記憶した母がいてくれました。懐かしい郷土の味を残すために、母のレシピを書き留めて永久保存したいと思いました。

　十数年間、ずっと思い続けてきたこのことを一冊の本として実現させていただき、本書にかかわってくださったスタッフの皆さまには、言葉にならないほどの感謝を申し上げます。

小島　喜和

デザイン　高市美佳
撮影　寺岡みゆき
構成・編集　山中純子

器協力
shizen〈P24、55、57、58-59、61、78、84、110〉
東京都渋谷区神宮前2-21-17
TEL　03-3746-1334

太陽に育まれた海山畑の旬味がぎっしり！
高知のおいしい料理帖

2015年3月5日　初版第1刷発行

著　者　小島喜和
編集人　井上祐彦
発行人　穂谷竹俊
発行所　株式会社日東書院本社
〒160-0022
東京都新宿区新宿2丁目15番14号
辰巳ビル
TEL：03-5360-7522（代表）
FAX：03-5360-8951（販売部）
URL：http://www.TG-NET.co.jp

印刷所　三共グラフィック株式会社
製本所　株式会社宮本製本所

ISBN978-4-528-01614-9　C2077